吉沢久子の
旬を味わう献立帖

吉沢久子 著

早川茉莉 編

筑摩書房

吉沢久子の旬を味わう献立帖♣目次

第二章　季節を味わう

第四章　私の献立

装丁　澤地真由美
装・挿画　島津共範

吉沢久子の旬を味わう献立帖

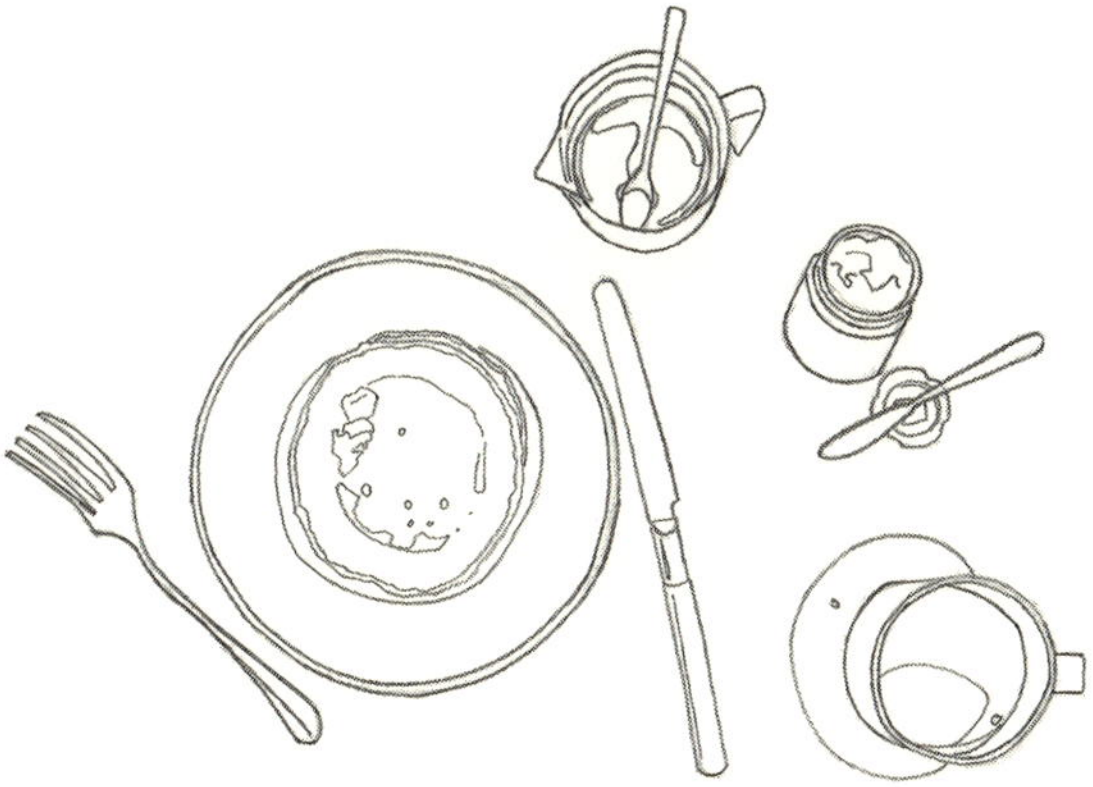

《はじめに》

朝は一番よく食べる

明日の朝食には何を食べようか、と意欲的にあれこれと献立を考えていると、実にしあわせだと思う。食べたいもののあるしあわせ、いいかえれば、健康な食欲のあることへの感謝の気持ちも手伝う。

ベッドに入る前、お風呂に入りながら、私はいつも、さあ、朝ごはんには何を食べようかしら、と予定をたてる。たとえば、パンは今日の外出先で買ってきたホテルパン、ミルクセーキに小松菜のバターいため、大分の友人から届いた早生《わせ》みかん、などとテーブルに並べたところを想像しながら、栄養のバランスはこれでいいかしらと考えたりする。

先日、医療関係の出版社の方と話していたとき、私が、三度の食事をいつも「何を食べようか献立をたてるのが楽しみ」といったら、「そういうお年寄りばかりになれば、老人医療費もずいぶん少なくなるだろうと思いますね」と、思いがけないことをいわれた。

私はただ、人間はいろいろな欲望をもっているけれど、最後まで残るのは金銭欲でも名誉欲でもない、一番動物的な食欲なのだから、食べることをいいかげんにしていると生活は荒廃する、という話をするつもりでいたのである。

現在までのところ、私の医療費はゼロに近い。親からもらった健康なからだ、と解釈する人もいるだろうが、私はやはり健康維持には、食事のバランスのよさが大きく影響すると思っている。

栄養学校の同級生と、いつも話す。「私たち、若いとき栄養について少しでも勉強したのが、何よりの財産になったわねえ」と。

ところで、朝食は一日の歩み出しの食事だという点で、できるだけバランスよく食べるようにしている。

一日じゅう家にいるときは、朝食にはそれほど気を使わず、一日にこれだけは食べようと思うものは昼、夜に分けて食べたりもする。外出の予定のある日は、外で食べられるものの限界を考えて、朝食にいろいろなものをたっぷりと食べるよう努力する。具体的に書くと、私の朝食に欠かさないのは牛乳と卵、それとくだものと野菜。パンやごはん、めん類とかその他の穀類加工品も、いろいろ食べてはいるが、絶対に欠かせないものといえば、はじめに挙げた牛乳と卵で、したがって常備してある大切なもの。

牛乳と卵といえば洋風の食事だというわけでもなく、家で食べるものだから、フランス風でもないし、アメリカンスタイルでもない。時には律義なイギリス風のときもあるけれど、まあ適当に和、洋、中華とりまぜた食べ方をしている。

姑や夫がいた頃は、イギリス好きの姑に合わせて、オートミールと目玉焼き、イギリスパンのカリカリトースト、半分くらいミルクを入れた紅茶、そしていちごのジャムとマーマレードをたっぷり、という朝食が多かったが、姑を見送ってからは夫中心になって、ハムエッグだの、カリカリに焼いたベーコンを添えた目玉焼き、朝からステーキを作れといわれることもあって、私もそれがいやという程でもなかったから、つき合っていた。そんな朝食が約三十年。

ただ、どんな場合にも私は、朝食に野菜やくだものがないと落ち着けないので、家族は食べなくても私は、セロリをかじったり、いため野菜を食卓におき、ほかの人が食べなければ一人でみんな食べてしまう、という状態だった。

家族がいなくなり、一人の食卓は、全く自由に自分の食べたいものを並べるが、若いときに栄養学を少しばかり勉強したのが幸いして、肉や魚を食べればその三倍ぐらいの野菜を食べないと、どうも気持ちがわるく、したがって野菜も生より温野菜サラダとか煮物が主になる。

このごろバナナをパン代わりに食べることも多く、卵は半熟、小松菜かほうれん草のいためもの、そして、ホットミルクに濃い紅茶で香りを添える程度のミルクティー。夕食のごはんが残っていれば、ミルクがゆにすることも多い。これに青菜やにんじん、さつまいも、わかめやキノコ類など、あり合わせのものをたっぷり加え、卵を割り込んで、塩味で食べる。おかずはちりめんジャコ、塩けのうすいものをまとめ買いして少しずつ冷凍しておくが、おひたしにかけたりもする。

おかゆに加えるものとして、パンのときのおかずにと、私はよく、にんじんのグラッセやさつまいもをふかして、作りおきする。ちょっと形をそろえて切り、サラダにもするし、スープにも使う。

　朝食にいろいろ食べておけば、外出先でおそば一杯の昼食でも安心していられる。

とにかく朝食はたっぷり食べて、自分の納得のいくバランスのよい食べ方を考えている。

第一章　ごはんをおいしく食べる

菜めし

急に菜めしがたべたくなった。亀戸大根の葉もあるし、うちの庭に作っているセリもきれいな芽を出していてたべごろに見える。

庭のハコベやナズナを摘んで、さっとゆでたのをこまかく刻み、塩をふりかけ、キュッとしぼって塩味で吹きあげた熱いごはんにまぜこんでみようか、白の切りゴマをたっぷりかけてたべたらおいしそうだな、と考えたりして、あれこれ迷っているうちに、どうしても嫁菜めしをたべたくなった。

考えてみたら、夫が亡くなってから嫁菜めしを一度も作らなかったと気がついた。春先になると、いつも近くの善福寺川公園を二人で散歩しながら、嫁菜やツクシを摘んできて、毎年一度は嫁菜めしを欠かしたことはなかったのに、去年も、一昨年も摘み草を忘れていた。生活の変化はこんなことも忘れさせるものなのかと思った。

キース・ジェフリー　高山祥子訳

MI6秘録（上・下）

――イギリス秘密情報部 1909－1949

潜入、破壊、盗聴、誘惑……「007」で知られるMI6が全機密資料の閲覧を許可、スパイ活動の真相がついに明らかに。英国インテリジェンスの力を見せつける初の正史。

85801-6/85802-3　四六判（3月23日刊）各3360円

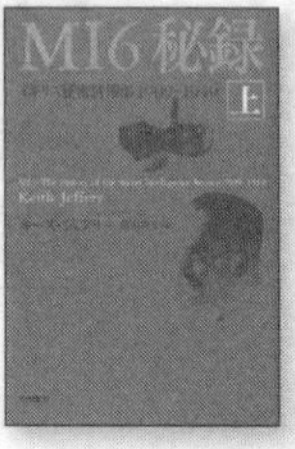

福間良明

二・二六事件の幻影

――戦後大衆文化とファシズムへの欲望

二・二六事件は戦後、映画や小説の題材となってきた。我々は一体何に魅了されてきたのか？「平成維新」が喧伝される今、「情熱」への陶酔を問い直す、渾身作！

85803-0　四六判（3月23日刊）2310円

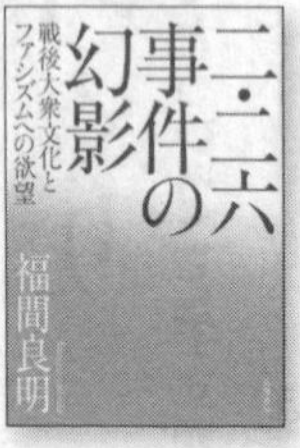

中村好文（建築家）／神幸紀（クライアント）

パン屋の手紙

――往復書簡でたどる設計依頼から建物完成まで

ある日、東京の建築家・中村好文のもとに北海道のパン職人から設計依頼の手紙が届いた。建築家と一緒に試行錯誤しながら建てた、質素で豊かな暮らしのかたち。

87863-2　A5判（3月27日刊）2310円

価格は定価(税込)です。6桁の数字はJANコードです。頭に978-4-480をつけてご利用下さい。

chikuma primer shinsho ★ ちくまプリマー新書《さいしょのしんしょ》

★4月の新刊　●10日発売

195
宇宙はこう考えられている
科学ジャーナリスト／毎日新聞社論説室専門編集委員
青野由利

▼ビッグバンからヒッグス粒子まで
ヒッグス粒子の発見が何をもたらすかを皮切りに、宇宙論、天文学、素粒子物理学が私たちの知らない宇宙の真理にどのようにせまってきているかを分り易く解説する。

68896-5　861円

好評の既刊　＊印は2013年3月の新刊

- **ことばの発達の謎を解く**　今井むつみ　子どもが思考の道具であることばを獲得する過程を描く　68893-4　903円
- **女子のキャリア** ──〈男社会〉のしくみ、教えます　海老原嗣生　雇用のカリスマが会社の見極め方と立ち回り術を伝授　68890-3　882円
- **ぼくらの中の発達障害**　青木省三　自閉症、アスペルガー症候群…発達障害とは？　68892-7　882円
- **高校生からのゲーム理論**　松井彰彦　社会科学の新手法で人間関係を楽しく考えよう　68838-5　819円
- **女子校育ち**　辛酸なめ子　女子100％の濃密空間で洗礼を受けた彼女たちの生態とは　68858-3　819円
- **「しがらみ」を科学する** ──高校生からの社会心理学入門　山岸俊男　「空気」を生む「社会」を読み解けばKYも怖くない　68871-2　819円
- **イスラームから世界を見る**　内藤正典　民主化運動は今なぜ？イスラーム世界の内側から考える　68885-9　903円
- **外国語をはじめる前に**　黒田龍之助　あなたが語学に挫折してしまう理由がわかる　68883-5　819円
- **かのこちゃんとマドレーヌ夫人**　万城目学　不思議や驚きに充ち満ちた日常を描く長編小説　68826-2　903円
- **多読術**　松岡正剛　読書の達人による多読の指南書　68807-1　840円
- **地域を豊かにする働き方** ──被災地復興から見えてきたこと　関満博　自分自身が豊かになる働き方のヒントを「地域」に探す　68887-3　819円
- **金融がやっていること**　永野良佑　お金・株・債券の本質から金融機関の役割まで易しく解説　68882-8　819円
- **虹の西洋美術史**　岡田温司　なぜそこに虹を描いたのか？絵画の見方が変わる入門書　68891-0　998円
- **ソーシャルワーカーという仕事**　宮本節子　第一線で活躍してきたパイオニアが自らの経験を元に語る　68894-1　819円
- ＊**はじめての植物学**　大場秀章　基本構造や営みから、植物とは何かを考える　68895-8　861円
- ＊**ネイティブに伝わる「シンプル英作文」**　デイビッド・セイン／森田修　中学・高校レベルの知識で、こんなに通じる！　68897-2　819円

価格は定価（税込）です。6桁の数字はJANコードです。頭に978-4-480をつけてご利用下さい。

4月の新刊 ●17日発売　筑摩選書

0065
プライドの社会学
▼自己をデザインする夢
亜細亜大学経済学部教授
奥井智之

我々が抱く「プライド」とは、すぐれて社会的な事象なのではないか。「理想の自己」をデザインするとは何を意味するのか。10の主題を通して迫る。

01571-6
1680円

X003
明治への視点
▼『明治文學全集』月報より
筑摩書房編集部 編

明治の文学遺産を網羅した『明治文學全集』月報所収の随筆を集める。当代一流の執筆者たちが、時代の佇まい、作家の面影を自在に綴り、「明治」を立体的に描き出す。

01569-3
2100円

好評の既刊　＊印は3月の新刊

寅さんとイエス
米田彰男　現代が求めている聖なる無用性の根源へ
01545-7 1785円

宮沢賢治の世界
吉本隆明　著者の三十数年に及ぶ講演を収録。全十一章
01548-8 1890円

「加藤周一」という生き方
鷲巣力　深い親交を結んだ著者が明かす、その「詩と真実」
01559-4 1785円

哲学で何をするのか——文化と私の「現実」から
貫成人　世界を見ることを学び直すための哲学入門
01560-0 1785円

デモのメディア論——社会運動社会のゆくえ
伊藤昌亮　今世界中で沸騰するデモの深層に何があるのか
01562-4 1680円

シベリア鉄道紀行史——アジアとヨーロッパを結ぶ旅
和田博文　近代史に翻弄され続けた鉄路の変遷を追う
01561-7 1680円

放射能問題に立ち向かう哲学
一ノ瀬正樹　日本を覆う巨大な難問を理性で問い詰める
01564-8 1680円

近代という教養——文学が背負った課題
石原千秋　「教養」の源泉を、時代との格闘の跡に辿る
01565-5 1680円

比喩表現の世界——日本語のイメージを読む
中村明　文学作品から具体例を紹介。実作に役立つ索引付
01563-1 1785円

中国の強国構想——日清戦争後から現代まで
劉傑　国家再建への過程から中国問題の根底を炙り出す
01566-2 1680円

＊**戦争学原論**
石津朋之　戦争の起源から将来像まで、その核心に迫る
01568-6 1890円

＊**トラウマ後　成長と回復**——心の傷を超えるための6つのステップ
スティーヴン・ジョゼフ　トラウマを成長へ変えるための新しい心理学
01567-9 1890円

価格は定価(税込)です。6桁の数字はJANコードです。頭に978-4-480をつけてご利用下さい。

4月の新刊 ●10日発売

ちくま新書

1007
歌舞伎のぐるりノート
コラムニスト／エッセイスト
中野翠

素敵にグロテスク。しつこく、あくどく、面白い。歌舞伎は〝劇的なるもの〟が凝縮された世界。その「劇的なるもの」を求めて、歌舞伎とその周辺をめぐるコラム集。

06696-1
819円

1008
ハゲに悩む
▼劣等感の社会史
三重大学人文学部准教授
森正人

寒いのは、頭か心か世間の目か。個人的な身体への違和感、劣等感が社会化される過程を歴史に探り、理性では制御しきれない情動の一端を、男の毛根から解明する。

06712-8
798円

1009
高齢者うつ病
▼定年後に潜む落とし穴
医師／作家
米山公啓

60歳を過ぎたあたりから、その年齢特有のうつ病が増加する⁉ 老化・病気から仕事・配偶者の喪失などの原因に対処し、残りの人生をよりよく生きるための一冊。

06714-2
756円

1010
本当は強い阪神タイガース
▼戦力・戦略データ徹底分析
東海大学准教授
鳥越規央

野球統計学「セイバーメトリクス」を用いれば阪神は必ず勝てる！ 最適打順や最強守備陣形から具体的戦術、チーム編成まで、データに基づく合理的野球を提唱する。

06715-9
777円

価格は定価(税込)です。6桁の数字はJANコードです。頭に978-4-480をつけてご利用下さい。

毎年嫁菜の出る場所を知っているので、公園をぶらぶら歩きしなくても、すぐたっぷり採ってこられるつもりで出かけたが、ちょっと時期が早いのか、まだあまり出ていなかった。

それでも、ひと握りほどを探しあてて、早速嫁菜めしを作った。嫁菜でも田ゼリでも私はあまりアク抜きをしない。糅《かて》めしではなく、香りをたのしむ菜めしだから葉は少なくてもよい。水にさらしては香りまで抜けてしまうのがおしい。白いごはんに若菜の散った美しさも大切にしたい。

おかずは酒塩《さかしお》にしたサヨリを一時間ほど扇風機の風にあてた生干しと、庭のセリを摘んでのセリのゴマあえ、京都のおみやげにいただいた白みその豆腐汁で一汁二菜。サヨリは魚屋さんの店先でちらりと見たのがイキがよくて買ってきたが、この生干しはおいしい。春の魚である。ぬかみそのカブを出して、一人の食卓を調えた。お年寄りがいる家庭に、こんな献立はいかがかと思って、ご紹介した次第である。

正月のお雑煮用にと買ったセリの根を、庭隅に植えておいたのが芽を出した。ミツバ、セリ、春菊など、私はいつもできるだけ根つきを買って、切り取った根の部分だけ土に植える。だめになってもともと、芽を出してくれればうれしい。一人暮らしの汁の青みくらい、それで結構間に合う。落ち葉に米ぬかをまぜて作っておくたい肥がいいのか、いい土である。

私は少々アクがあっても田ゼリの方が好きで、丈の長い栽培ゼリはお雑煮用か、なべ料理のときしか使わない。春本番になって出てくる田ゼリは、ゴマあえにしたり、セリごはんや天ぷらにといろいろにして食べて香りを楽しむ。植えた根から出たモヤシ芽は案外よい香りである。

春は菜めしのおいしい季節。先日京都で菜の花漬けを買ってきて、すしめしにまぜ込んだ菜の花ずしを作ってみたら、やはり、もう一味ほしくて白の切りゴマを加えたら落ち着いた。ゴマと菜っぱは相性がいいから、たいていのものは味が合う。

これからの季節、とくに北国は雪の下からいっせいに野草が萌え出すのを、菜めしにしてはどうだろう。嫁菜も、ハコベも、ハルジオンも、みんなよくゴマと合う。本当にいのちを食べるという感じがして、すてきである。

桜おこわ

ここ何年、八重桜をくださる方があって、自分で塩漬けを作るようになった。庭にあった二本の八重桜に毎年毛虫がついて、傘をささないと下を通るのがおそろしいようなときもあって、すっかり切ってしまった。以来、桜の塩漬けを作る習慣がなくなった。小さな生活環境の変化が暮らしの習慣をなくしていくものだと、こんなことからも考える。

今年も八重桜をいただいて塩漬けにしておいたのが、ほどよく漬かってきたようだ。梅酢を振りかけながら、塩、桜、塩と重ねて重石をかけておいたのが、水が上がってきている。天気のよい日が続きそうなときに、余分な塩を払って一気に干し上げておこうと待っている。

桜の塩漬けがどうもうまくできないという話をよくきく。それは、塩が少ないのではないかと思うことが多い。あるいは重石が弱いのか。

私は漬物にも料理の味つけにも、ニガリの入った塩を使っているので、失敗しないですんでいるのかとも思ったが、それだけでもないらしい。重石もはじめは重いほうがいいようである。塩をたっぷりにして早く水を上げれば失敗はない。

とかく減塩がいわれている昨今なので、塩をたっぷり使えというのはおかしいと思われるかもしれない。事実、桜を干したあとに塩がたくさん残るが、桜の香りを含んでほんのりと色づいた塩は、一夜漬けの漬物や、ぬかみそに入れてもいい。

一夜漬けで一番おいしいのは大根やカブの漬物で、香りが何ともいい。そのうち、生姜が出てくれば、これも桜漬けで残った塩を使って漬けておく。ぬかみその古漬けといっしょにこまかく刻んで少し塩出しをし、固くしぼって食べると、お茶漬けにとてもあう。

同じ古漬けで食べるお茶漬けでも私の友人は、夏は炊きたてのごはんを冷水で洗って、冷やし番茶をかけたお茶漬けがいいという。私は夏でも熱いごはんが好きだし、お茶漬けも、冷やごはんなら熱湯を通してあたためてから、熱いお茶をかけて食べるほうがおいしい。

それで、お互いに譲り合わず、夏にわが家でいっしょにお茶漬けを食べる機会があると、いつも「絶対、このほうがいいわよ」と、めいめい好きにして食べる。女同士だから、そんな気楽な食事のしかたもできる。

話が脱線してしまった。

実は、八重桜の塩漬けがあんまり色よくでき上がったので、急に、この桜と残った塩を利用して桜おこわを作ってみたことを書きたかったのだ。

桜おこわは、伊豆にいったとき買って食べたのがとてもおいしかったので、すぐ自分でも作ってみようと思ったのに、とりまぎれて忘れていた。私はお赤飯も好きだが、豆を入れない白おこわも好きで、ときどき、ちょっとしょうゆ味をつけた炊きおこわも作る。秋にはぎんなん、栗などをいっしょにふかしたり、夏は枝豆をあしらってみたりする。白いおこわに、木の芽を散らして食べるのもおいしい。

桜おこわは自分では思いつかなかった。作ってみると、桜もちを口に含んだときのようなとてもいい香りがあって、なぜもっと早く試みなかったのかと、くやまれるほど好きな味にでき上がった。伊豆の城ヶ崎海岸駅の売店で買ったのは、たしか、どこかの料亭で作っているものだときいたが、竹の皮に包んだ一人前が、優雅なおべんとうという感じで心をひかれたし、おいしくもあって作ってみたくなったのだが、それは、桜めし風にしょうゆ味がついていたように記憶している。

私は桜を漬けた塩を利用し、一晩水につけたお米をその塩水に通してふかしはじめ、打ち水にもその塩水を使った。途中で味をみたら、塩味がほとんど感じられなかったので、桜をお湯につけてちょっと濃いめの塩湯を作り、最後の打ち水にそれを使い、塩出しした桜はでき上がってから上にのせておくことにした。でき上がりは上々、と自画自賛。

私は炊きおこわがどうも上手に作れない。うるち三、もち米七くらいの割合がいいと教えられ、電気釜やガス炊飯器でためしたことがあるが、どうしてもふかしたほうがおいしいと思うので、自分の好きな作り方にしている。私のめいは炊きおこわを上手に作るが、中途で一度かきまぜればいいのだという。まあ、それぞれの得意のところで作ればいい。

料理は私の最上の楽しみだしお遊びだ。絵もかけない、楽器も扱えない私は、作る楽しみといえば料理だけ。けれども、料理は直接からだを養う役に立つから、それを楽しみにできたことをよかったと思う。料理の知識だけは若いとき身につけておきたいことのひとつだ。

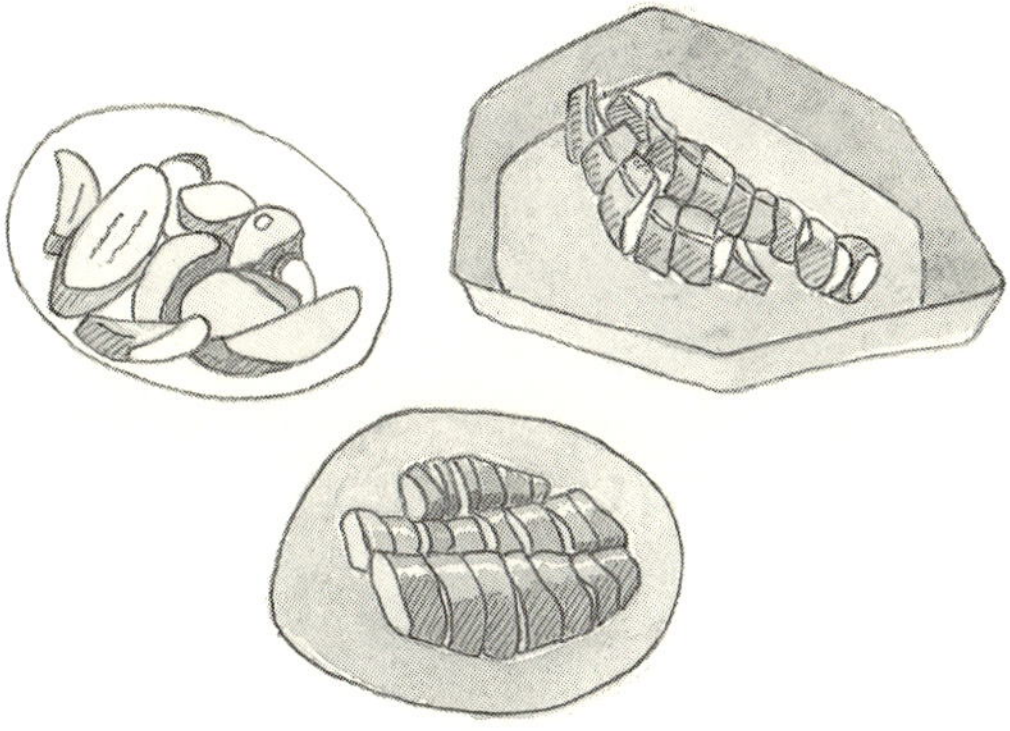

ショウガご飯

夕方、散歩のついでに、おすそ分けの届けものを思いたって、親しくしている近所のTさん宅まで行きました。玄関で失礼するつもりでいたら、夕食を一緒にしていくようにと誘われました。

「おうちに帰っても一人で夕食なさるのでしょう？　今日は私も一人だから」という言葉に、ついその気になって食卓に座りこんでしまいました。

ビールと枝豆のあと、ちょうど炊きあがったごはんに、新ショウガのみじん切りを混ぜこんだ「ショウガ飯」と、ほどよく漬かったキュウリとナスのぬか味噌漬がおいしかったこと。

久しく忘れていた新ショウガのごはんは、香りが何よりのごちそうで、私もよく作っているものですが、私はいつも針ショウガにして混ぜていました。

針ショウガを酢物や煮物などの天盛りに使うときは、きざんだあと、色の変わらぬように水でさらしますが、ショウガ飯のときは水さらしをしません。だから、ごはんの炊きあがりにタイミングを合わせてきざみます。

わずかの塩とお酒を加えて炊いたごはんに、ショウガの香りがパッと立つ、その混ぜるときがまた食欲を感じさせられるのです。

やっぱり、ときどきはよそのお宅で食事をさせてもらうのは頭の体操になっていいものです。専門家である板前さんが作ってくれるものとは別の、その家庭独特の作りかたや食べかたを教えてもらえるのがいい。ショウガ飯にしても、針にきざむことばかり考えていた私は、みじんにきざむ手もあったと教えてもらったわけです。

デザートに、あり合わせだけれどと冷凍ゼリーを出してもらいました。

「え、ゼリーを冷凍するの」と私はびっくりしましたが、味わってみたピーチのゼリーはなかなかおいしく、アイスクリームとシャーベットの中間のような味。今どこにでも売っているゼリーですが、冷凍することで甘味もあっさりと感じられるようになります。

これもひとつおぼえて、私も家に帰るとさっそく、わが家にあったいただきもののゼリーを冷凍しました。

私のお得意ごはん

まぜごはん、炊きこみ、ばらずし、ぜいたくをいえばきりがないほど、いろいろなものが作れるのが味ごはんだと思う。旅でおぼえた味、誰かに教えてもらった味、工夫して自分で作り出した味、それぞれに思い出や人とのかかわりで忘れがたいものになっている場合が多いと思うが、ごはんものというのは、どちらかといえば、それぞれの家庭の味になっていることが多い。

私にしてもそうである。たとえば、私の作るちらしずしは、料理の先生に教えられたものでもないし、どこかの地方のものというのでもない。長年、作りつづけてきた間に、具の種類も、酢の割合もいつの間にか自分流に固定した古女房の味になってしまい、ある時期からはじめた合わせ酢に切りゴマをたっぷり加える味付けも、すっかり定着してしまった。

姑から受けついだ大村ずしや、ぜいたくに材料を使う魚飯《ぎょはん》も、わが家自慢のものではあるが、材料費のことを考えると、とても気軽には作れない。とっておきのごちそうというところである。

ピラフと呼ばれるごはん料理や、有名なスペインのごはん料理などは、誰かが作ってくれれば喜んでたべるが、私は、自分で作ろうとは思わない。年のせいより、どうも油に弱いので敬遠しているだけの話である。

たまたま材料が手に入ったから、あるいは、献立が思いうかばないからあれにしようかと、さりげなく、ふだんの食卓に加えられるごはんものは、数多く種類を知っておいたほうが助かる。

その意味で、私のお得意ごはん料理を以下に御紹介しておきたいと思った。

▼春の味ごはん

春はなんといっても山菜や野草をとりこんだごはんものに心ひかれる。

寒のうちから、浅みどりの小さな葉をのばして、庭にはびこっているハコベを、小鳥の餌ほどにこまかくきざみ、ふきんに包んで塩熱湯に浸し、そのままキュッとしぼる。これを、塩味をつけ、昆布を浮かせて炊き上げた白いごはんの炊き上りにまぜこんだ「はこべめし」は、さしずめ春の野の味だろうか。白の切りごまをかけてたべると一層おいしい。そこらの路地にも、ちょっとていねいな目を配ると、ハコベはほとんど一年じゅう見られるが、街路樹の根元の土に、いっしょうけんめいで生きている姿を、私は、いつもいとしく思う。

ハコベをはじめ、春ジオン、よもぎ、嫁菜、くこの芽、せりなども、春の菜めしの材料だが、ハコベ以外は、塩熱湯でゆでた菜を水に放ち、こまかくきざんで、ふり塩をしておいたものを炊き上りのごはんに私はまぜこむ。あくぬきのために水に放つわけである。

実はここに挙げた野草は、わが家の庭か、すぐ近くの団地の道路わきのくさむらや公園に、雑草としてふんだんに生えている草たちである。散歩のとき、野草の茂った道路わきを見てあるいて、毎年、あのあたりには嫁菜が、あそこにはせりが、と、たべておいしい野草の出る場所をおぼえておき、とりにいくのである。

春ジオンなんかは、わが家の庭の雑草だし、よもぎもはびこって困るほどに出る。せまい庭でも、土のありがたさは、根のついたせりを八百屋で買って、上だけたべたのを、また土にいけておくと結構おつゆの実や菜めし用には困らないだけ芽を出してくれる。

植木鉢や発泡スチロールの空箱にだって、水ごけで根を包んでいけておけば、せり、みつばの根はすぐ芽を出して、たくましさを見せてくれる。面倒がらずに、ミニ野草園を作っておきたいと思う。

山菜類の葉を、ゆでて水にさらし、あくぬきしてからしぼって刻み、みそ漬け大根、くるみなどを米つぶほどに小さく刻んでまぜ合せ、これをごはんにまぜたのを、私は「ほろほろめし」と呼んでいるが、とくに、おにぎりにするとおいしい。春の南部地方を旅したとき、あるお宅でごちそうになった朝ごはんに、うこぎの新芽とみそ漬け、くるみの刻み合せが大きな丼に入れて出された。おいしくて、たくさんたべた。何という料理かときいたら「ほろほろといっていますが」と給仕をしてくれた若いお嫁さんが教えてくれた。以来、ほろほろは、わが家ではうこぎだけでなく、山菜なら何でも使って、苦みのあるものなら少量というぐあいに調節している。

どこかでたべて、おいしいと思ったものは、はじめは教えてもらった通りに作ってみるが、だんだんに「わが家風」に作りかえていく。それが素人料理のよさだと思うし、それなりに定着した味になるのが家庭料理だと思うから、私は、自分流でその変化をたのしむ。「ほろほろ」も、くるみがなければ切りゴマを使うし、ピーナッツのみじん切りも結構おいしい。

味つけごはんを炊くと、電気釜やガス炊飯器でもおこげができやすい。私は、塩味ごはんでも、しょうゆ味をつけるごはんでも、味つけのおぎないに必ず酒を加えるが、酒の分は水かげんにかかわりなく、大体、二カップのお米に大さじ二杯くらいの目当で使う。それだけ水かげんが多くなる勘定である。昆布は洗わずに、砂をはらいのれんに切って浮かせて炊く。

塩味ごはんで思い出したが、ピースごはんを春のごはんものから外すわけにはいかない。色はわるくなるが、グリンピースは生を最初からいっしょに炊き込んだ方が味としてはおいしいと私は思うので、いつも水かげんしたお米の上に、お米の量の四分の一見当で加えて炊く。生のピースは十分に水を含んでいるので水かげんには無関係でよい。

▼夏の味ごはん

食欲のない夏のたべものは「のど越しのよいものを」ということをよくきく。そういえば、夏はそうめんとか冷むぎが喜ばれるし、お茶づけさらさらも私には夏のイメージがある。

栄養学校で、いつも隣りに並んで講義をきいた同級生と私は今も仲よくつき合っているが、つい先日も会ったとき、

「栄養学校では、夏は食欲がないからとお茶づけさらさらではいけません、なんて教えられたわね。でも、考えてみたら、あの頃はお米だってそうそう手に入らなくなった食糧難の入口だったわけよね。ごはんさえたべられれば幸福って時代がすぐひかえていたのだから、お茶づけさらさらでは夏まけするなんて教えた先生は、自分の学生時代のノートを、そのまま私たちに話していたのかしら」

と、お茶づけ話をしたが、その記憶が私に、お茶づけさらさらを夏の季語のように思わせているのだろうか。

以前、私は、中国料理の王馬《おうま》熙純《きじゅん》先生から、水飯《すいふぁん》という夏向きのごはんのたべ方を教えていただいたことがある。炊きたてのごはんを、冷水で洗ってさらさらにし、中

国のみそ漬けと豚肉のいため合せをおかずにさらさらとたべる、というものであった。たべさせていただいたときは、とてもおいしかった。こんなたべ方もあるのかと私はおどろいた。炊きたてのごはんを水洗いするのは、ねばりを洗い流す意味である。ねばりけのあるものを好む人種と、ねばりを嫌う人種があるのは、文化人類学の先生方の研究を読むと興味深いのだが、ねばりけを好む私には、炊きたてのごはんの、あのおいしさに心ひかれるために、どうも、水洗いがもったいなくて、水飯はわが家のレパートリーとして根付かなかった。しかし、冷ごはんを熱湯であたためてからお茶づけにするのは、欠かせない私のお茶づけ作りの手順である。夏でもお茶はあつあつのほうじ茶に、ちょっと塩を加えたもの。熱くしたごはんに熱いお茶である。青しそやみょうがのせん切り、カリカリ梅干しのみじん切り、そんなものがあれば、あとはきゅうりやナスのぬかみそ漬け、キャベツと針しょうがの塩もみなんかもあればうれしい。塩ざけとか、くさやの干物、たらこなども手もとにあればそれも。まぜないで、おかずとしてたべる。

このごろは、お茶づけをたべるといえば、だいたいはお酒のあとということが多いのではなかろうか。それだけで食事をすますという場合は少ないとみてよい。おかずをいろいろたべて、お酒をのんで、最後にちょっとお茶づけ一杯というたべ方なら、香味野菜や漬物だけでもそれほど栄養のバランスを欠くこともない。お茶づけの好きな人は、それ一点で食事をすますのでなければ、夏のたべやすいものとしてお茶づけもいいのではなかろうか。

夏だって食欲がなくなるとは限らず、私などは、夏こそ夏まけをすまいとするせいかよくたべる。だから、夏のごはんものもかなりレパートリーをもっている。

まず、梅ごはん。別に面倒なことはなく、ごはんに梅干しを入れて炊くだけである。または、炊き上りに、よくほぐした梅干しをまぜ込む。梅干しはやわらかく、赤しそのきいた色のものをえらぶが、手近にそんな梅がないときは、ほんの少量の食紅を使うのもよいし、ゆかりをまぜてもいい。これは夏のおべんとうの工夫から生れたわが家の味。

私は梅干しを漬けるとき、赤いしそをたっぷり使う。しその葉はゆかりにしておく。ただ干し上げてもみほぐすだけで、広口びんに保存している。

洋風の夏のごはんものもある。夏に限ったことではないが、セロリごはんやパセリごはんは香りが食欲をそそる。炊きたての白いごはんにバターを溶かしこみ、塩味をつけ、あとはパセリでもセロリでも、葉だけをみじん切りにしてふきんで水を切り、パラパラにしてごはんにまぜる。美しいみどりが、そして独特の香りが食欲をそそってくれる。

青しそが一本でも庭にあれば、茂ってくる頃に思い切ってたっぷり葉をつんで塩もみにし、みじんに刻んで白いごはんにまぜたり、枝豆のゆでたのが残ったときは、枝豆ごはんもいい。大走りの青ゆずを清汁《すましじる》に使った残りでもあれば、青いところだけすりおろして、香りだけをつけた青ゆずごはんも絶品。みんな私の好きな夏のごはんものである。

▼秋の味ごはん

新米の季節になると、私は、自分の意志の弱さに困惑する。ごはんがおいしくて、つい食べ過ぎの傾向になる。ごはんがおいしいのは健康の証拠、ともいっていられない程、私は太りすぎている。これ以上太ってはいけないとの注意も、お医者さんから受けている。

とはいえ、新米の季節に出るおいしいものは多いし、とくに、炊き込みやお寿司にしてもおいしいものがたくさんある。

おいしいけれど、宝物なみになった松茸は、もう、たべなくてもいいや、という気分になっている。年に一度だけはたべたい、いやたべさせたいと思ったのは高齢の姑の生存中で、たとえ外国産でも記憶の中の季節を感じることはできるだろうと、松茸ごはんや土びん蒸しを作ったが、夫婦だけの生活になってからは、たまたまいただきものがあったりしたときしか作らなくなった。たべればおいしい。でも、庶民の健康な食欲を満たす料理材料とはいえなくなっていることに私は気持ちが沈む。

到来ものの新米と松茸がわが家で出会ったときなどは、うきうきとして、ごはんだ、土びん蒸しだとさわぐ。私の松茸ごはんは、松茸をきざんでしょうゆと酒につけておき、そのつけ汁で味つけして炊いたごはんに、松茸を生のままでのせて蒸らす。すぐにしんなりとするし、その方が香りが高いように思う。鶏肉をいっしょに炊きこむという人も多いが、私は、松茸だけの香りをたのしみたいので使わない。

栗ごはんや松茸ごはんの季節がすぎると、私の得意はとりめし、かきめし、大根めし、魚飯《ぎょはん》や中華風の菜飯《さいふわん》、深川めしと、いろいろな炊きこみごはんが食卓に登場する。里芋ごはんも忘れられない。

とりめしは、新ごぼうの細かい笹がきと鶏肉のひき肉を炒って、しょう油とわずかなみりんで味をつけ、さくらめしの炊き上がりにまぜるのだが、ごはんを蒸らす前に上にのせておく。これでよし、というところでまぜるとき、新ごぼうの高い香りが立つと、なんとも食欲をそそられる。

炊きたてのごはんに、ぜいたくにとった一番だしをかける食べ方は、それこそ、ぜいたくな話だが、これは秋深くなってから、冬にかけてのもてなし料理でもある。

けれども魚飯などは白身魚の焼きざましができたときに、私の考えたリフォーム料理であった。夕食の時間を人と会うことにしていた時期の夫のために、毎晩いく人かの客に食事をさせる役を引き受けていた私は、食費の予算もたたない家計の切り盛りを、結構おもしろがって辻褄《つじつま》を合わせていたが、せっかく焼いて出した白身の魚の切り身を、お酒ばかり呑んで手もつけない客が残して帰った日など、翌日のお昼に、細かくむしって塩味をつけたごはんに炊きこみ、これにだしをかけてたべると、すてきにおいしいことを発見した。薬味には、あり合わせの切りゴマなどを加えてもおいしかった。テレビの料理番組で私が紹介したものの中には、毎日の来客に、やりくりに追われているうちに考えついた、残りものを新しい料理に作りかえる工夫から生まれたものが多かったことを思い出す。

菜飯は、豚肉と小松菜、長ねぎなどをいためて炊きこんだしょう油味のごはんだが、ゴマ油でいためた具が独特の香りをもって濃厚な若い人向き。

里芋ごはんは、小さく切って唐揚げした里芋を入れた塩味のごはん。たっぷりと白の切りゴマをまぶしてたべる。

深川めしは、あさりの炊きこみ。これはむき身のあさりと長ねぎの小口切りを砂糖じょう油の味つけで煮たものを、ごはんにかけたのがはじまりらしい。深川の木場《きば》で、こんなごはんものを売る店があったのだと、江戸っ子であることを自慢にしていたという母方の祖母が話していたとか。私が幼いとき、祖母は亡くなっているので、よくは知らない。

ただ、料理の本の中に「深川丼」なるものがあり、それに似たものであった。私は、かきめしの要領で、あさりのむき身を使う。

新しょうがが出たとき、針しょうがにして、ただ塩味をつけた白いごはんに適量にまぜこむしょうがめしも忘れてはならない秋の味である。

▼冬の味ごはん

秋深くなってくると、私のたのしみは新ぎんなんとのめぐり合いである。酒のつまみにはもちろんだが、毎晩のむわけでもないので、まあ、お茶うけといってもいいかもしれない。出はじめから、一月いっぱいくらいは、毎日のように何かの形でたべている。家族の寝しずまった夜の茶の間で、一人仕事をしているとき、何かを読んでいるとき、あるいは深夜テレビで映画を見ているときなど、ちょっとお茶をのむときに、炒りぎんなんをつまむ。くるみ割りでカラを割ってから、濃いめの塩水で洗って炒ると程よい塩味がついていい。一人でたべる少量なら、同じ方法で電子レンジに一分ほどかけてたべることもある。

それほど好きなぎんなんだから、もちろんごはんにも炊き込む。ヒスイごはんなどと、しゃれた名があるので、みどりの美しいときにはなるべく色を生かしたいと思い、炒りぎんなんのうす皮をていねいにむいて塩味ごはんにまぜたり、白おこわに散らす。たいていは、カラをはずしたぎんなんを少量の塩熱湯を入れたなべで加熱しながら、おたまの底でころがしてうす皮をはいで使う。

数年前、鎌倉の禅寺で精進料理をいただいたとき、ぎんなんの炊き込みごはんが出て、ヒスイごはんと献立表に書いてあった。そんなすてきな名があることを私ははじめて知ったが、冬になるとぎんなんは黄色くなるものが多いので、やっぱり私は「ぎんなんごはん」と呼ぶ方がぴったりする。無水鍋でぎんなん入りの白い炊きおこわを作ってもおいしいと思うが、私は、もち米は蒸した方が好きなのでどうしても蒸す方をとってしまうから、ためした機会がない。

大根めし、かきめしの汁かけごはんは、冬の味だ。新米のおいしさに、私はつい早々と変ったごはんものを作りたくなるのだが、かきめしはかきの季節じゅう、大根めしは冬大根のおいしい間じゅう、ときどき作りたい、そうざい料理といえるものだと思うから。ただ、冷えてはおいしくないので、残ったときは、雑炊に作りなおす。冬は雑炊のうれしいときでもあるし、ちょっと加工すると全く変った感じになって、残りごはんの再登場とは思えない。

たとえばかきめしは、かきを拾い出してごはんだけざっと熱湯をかけてほぐし、昆布のだしに、しょうゆと酒、あるいはみそと酒でうす味をつけた煮汁に放す。吹き上ってきたところに、とり分けておいたかきと、きざみねぎをたっぷり散らし、熱いところをたべる。しょうがのしぼり汁か針しょうがを加えれば一層おいしい。
大根めしも同様、みそ味でおじやにしてしまえば、冬の朝などからだがあたたまる。私はよく、一人前用の土鍋に分けて、卵を一つ割り入れ、くきからしごき取った大根葉を青みに、煮立ちばなをたべる。一人鍋のおじやである。

家庭の料理は、残りものを上手に使うことも大事な要素だと思うので、器を変えたり、味を変えたりするが、各自それなりのおいしさが作れれば成功だと思う。

雑炊ではないのだが、わが家の冬の雑炊の仲間に入っているのがライスグラタンである。残りごはんの冬向きのたべ方のひとつとして、家族の好物なので私の得意の一品になった。

冷やごはんをちょっとサラダ油かバターでいためて塩、コショウでうす味をつけ、グラタン皿に入れる。ハムだの冷凍のグリンピースなどをのせ、ホワイトソースをたっぷりかけ、粉チーズをふって焼くだけだが、オーブントースターでもうまく焼ける。この場合のホワイトソースは、玉ねぎのみじん切りをいためたところに小麦粉を加えてしばらく加熱、それを牛乳でのばすので、決して失敗しない。玉ねぎ入りのホワイトソースがおいしいので私はこんな方法をとるが、ホワイトソース作りが面倒だという人にすすめて喜ばれている。本格的なソース作りは別のときにして、手軽な方法で、冷やごはんでもおいしくたべる方が先である。

私のうちでは冬の朝食によくこのライスグラタンを作るが、九十六歳まで生きた姑もこれが大好きであった。その子である夫も、すでに七十代であるが、年がいもなくついたべすぎる冬のごはん料理である。

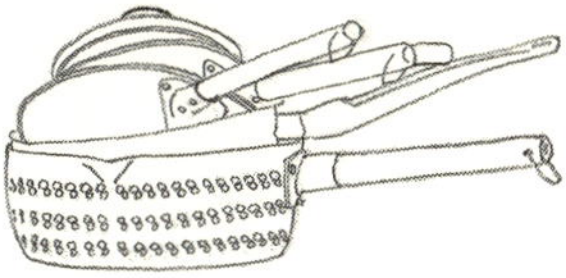

和風・洋風「バラエティごはん」

洋風の炊きこみごはんは、お米をよくいためてから炊きあげるので、私たちが普通に食べているごはんとは感じがちがうのが当然です。むしろ、ぽろつく感じのほうがよくできたものといえるのです。日本人の好きなねばりけのあるお米は、西洋人の好みからいえばよいお米ではなく、炊きかたにしても、一度炊きあがったものを水洗いしてわざわざねばりをとってオーブンに入れて蒸し焼のような形に仕上げることもあります。

でも、これは外国人の好みで、私たち日本人は、やはりふっくらとした口あたりをたのしみたいですね。炊きこみのチキンライスを例に、わが家の方法をご紹介しましょう。

▼洋風炊きこみごはん

お米は、炊きはじめる一時間くらい前によく洗って、三十分ほど水にひたしておきます。それを平ざるにあげ、ひろげて水切りしておきます。

別にタマネギのみじん切りを、こがさぬように時間をかけてバターでよくいため、その中にガラでとった鶏のスープを入れ、塩、コショウのほか、トマトケチャップ少量を加えて煮たてておき、別鍋でお米をオリーブオイルかサラダオイルでいためます（本来は、タマネギをいためた中にお米を加えていためるのでしょうが、そうすると、私は不注意なもので、タマネギをこがしてしまうことがあるのです）。

いためたお米の中に煮たったスープを加え、底にお米がつかないように全体をよくかきまぜて、中火でゆっくり煮るつもりで炊きあげます。そして、水がひいたところで、塩とワインをふりかけて下味をつけておいた鶏肉をのせ、とろ火で十分ぐらい蒸らします。

鶏肉を入れるとき、ごはんをちょっと食べてみて、かたいようなら、スープかワインをたっぷりかけ、気長に蒸らすのです。

こういうごはんは、自動炊飯器より、厚手の鍋で火をかげんしながら炊くほうがうまくできるように私には思われます。水かげんは、新米ならお米と同量、古米ならば一割増しにします。

▼フキの炊きこみ茶飯

お米二カップ、フキ二〇〇グラムくらいが適量でしょう。フキはゆでて皮をむき、一センチくらいの小口切りにし、だし六、薄口しょうゆ一、みりん一の割の煮汁で下煮しておきます。ごはんは米と同量の番茶で水かげん（ややかための水かげん）に薄い塩味をつけて炊き、水が引いたところへきざんだフキを入れて炊きあげます。おひつがあればぜひ使いたいもの。フキが等分にゆきわたるようにまぜ、茶碗によそってから、あれば木の芽をきざんでふりかけます。

▼おかゆ

おかゆは米からおかゆ向きの水かげんで、ゆっくりと炊きあげるのが一番おいしく、その水かげんは米を一に水を一〇の割で私は作ります。もっともこれは、ごくさらっとした感じに仕上げる場合で、もう少し歯ごたえのあるほうが好きなら、米と水の割合を一と八、あるいは一と七ぐらいにしてもよいわけです。

それから、火かげんは、絶対強火にしないで、四、五十分から一時間くらい時間をかけ、気長に炊きあげるという気持ちで作るといいようです。あせらないことが、おかゆをおいしく作るコツだといえましょう。

冷やごはんを利用して作る場合は、ごはんをカップ一杯に、水をカップ三〜五杯という割合。やはりゆっくりと、とろみが出るまで煮るとおいしいもの。

次に食べかたですが、ただの白がゆでも、ちょっと風流をたのしむつもりで、食器は抹茶茶碗でも使い、まっ白なおかゆのまん中にひとつまみの抹茶をおいて、「利久がゆ」などと自己流の名前でもつければ、冷やごはんもなかなか素敵なものになります。

箸休めには漬物を二品か三品、ほかに梅干しの種をぬいてこまかくきざみ、ユズの皮のせん切りをまぜこんだものでもそえれば、これは、わが家ならではの味。たとえば酒飲みの客に、ごちそうのあとのお茶漬がわりにすすめてもよろこばれましょう。

フキノトウのみじん切りを、ふきんに包んで水にさらしてから、塩味のおかゆにふりこんで食べるのも通人向きの味だと、ごちそうした誰かに言われました。

おかゆはどうもおかずがさっぱりしたものになるから栄養がとれないという方には、中華風のおかゆをおすすめします。これは、鶏のガラでとったスープで、米一、スープ一〇の割でおかゆを作り、茶碗の内側に薄いそぎ身にした鶏のささみをはりつけ、その上に熱いおかゆをそそいで、鶏が半煮えになったところへ、塩、食卓用のゴマ油などをふりかけ、ネギのみじん切りや針ショウガを薬味にして食べます。

ぜいたくにすれば、シイタケを薄味で煮含めたものや、いりギンナンのきざんだものなどもまぜると美味。

鶏のささみは、霜ふりにしておさしみで食べてもいいところですから、生煮えでも心配はありません。

同じおかゆでも、雑炊風に、漬菜をだしにしてごはんを煮こむのもおいしいものです。これもどちらかといえば中華風で、こまかくきざんだ塩漬の野沢菜やタカ菜をごま油でいためて、その中に鶏のスープをさして、菜っぱを少し煮こんでからごはんをいれてまた煮こむのです。漬物の塩味と菜っぱの持ち味で食べるとおいしいもの。

なお、おかゆを作るときに、水を使わず、ほうじ茶をいれたお茶で炊きあげると、香ばしい茶がゆになります。

冷やごはん利用のもので意外においしいのは、五目がゆ。といって、べつに何がなければということではありません。酒飲みの夫が深夜帰宅して、「何かあたたかいものを」といったとき、私がよく作った即席おかゆです。

まず冷やごはんにたっぷりの熱湯をさして煮たてておき、一方で豚肉の細切りと、ネギのななめ切り、小松菜をサラダオイルでいためて、これをおかゆの中に入れて塩、コショウで味をつけるだけです。最後に卵を落とし、もみノリをかけます。

材料は、豚が鶏にかわってもよく、小松菜が春菊とか、ニラにかわってもいいのです。とにかく、肉とネギと青み野菜を取り合わせます。ほかに、カニ、エビや貝柱の使い残りなどあればそれも加え、汁をたっぷりにします。寒い夜には、夜食としてもこんなものは消化がいいので、受験勉強をする人にすすめるのもよいと思います。

箱ずし

秋に植木屋さんが入って、山椒も小さく刈り込んでいったので、今年は芽立ちがおそかった。花のつぼみを囲むようにして出てくる新芽を待ちかねては摘みとる。せっかく出てきたのにごめんなさいね、といいながらも食べたい一心で、花も葉も出てくるそばから摘んでしまう。筍料理には欠かせない香りだから、この季節、山椒はいじめぬかれて気の毒だ。

木の芽の季節に一度は作るのが大村ずし。わが家では「箱ずし」と呼んでいるが、これは姑から伝えられた味で、一度に三十人分くらいの押しずしが作れる箱を作ってある。

酢じめの白身魚と、筍、フキ、しいたけ、それにかんぴょうなどをあしらい、錦糸卵をたっぷりのせた上に、山椒の新芽を青みに散らして板をかぶせ、重石をかける。

一段でお米一升分がちょうどいい分量の大きさで、私はいつも二段作る。

酢めしを平均にならしておき、魚を並べ、その上にのり一枚をのせてさらに酢めし、具、という順にのせ重石をかけるので、切り分けたところを横から見るときれいだし、何よりも作りおきができるので助かる。味は重石をかけて半日くらいがおいしい。けれどもそろえる材料が年々手の出せない金額になってしまうので、めったに作れるものではない。

姑が子供の頃に、両親が外国の任地にいっている間あずけられた家が、かつての大村藩主ゆかりの楠本家で、事あるごとに箱ずしが作られ、大人数のもてなしに使われたらしい。その記憶で箱の大きさも作ったので、大鯛を二尾くらい使っても酢じめの魚はかすんでしまうのには困った。

姑は、まだ庶民の口にも楽に入った頃の桜鯛の感覚で「鯛は生き鯛がいいのよ、野菜は春には春のものだけね」と、豪華な話をしてくれた。私は、ほどほどの材料で作って、毎年夫の誕生日に集まってくださる人たちのためのメニューにしてきたが、こういう料理を家庭で作るのはだんだんむずかしくなっていくだろう。とはいえ、だれかに伝えておかなければと思っている。

姑はこの箱ずしを作るとき、床に箱ずし用のござを広げさせて、座ぶとんを敷いてぺたりと座った。箱のまわりに材料を並べ、色どりを考えながら酢めしの上に具をのせては眺め、デザインを考えているように見えた。二段重ねにして詰め終えると、ふきんをかけ、ビニールシートをかぶせて、重石代わりにだれか箱の上に乗りなさいといった。

「楠本のおばさまは、書生さんを呼んで箱の上に乗りなさいといっていたけれど、おしがきくほどきれいにできるのよ」

といった。私も二回くらい乗ってみたが、何か申しわけない感じだった。

郷土料理としての箱ずしは、白身魚と季節の野菜で、いつでも作ったのであろうが、それを受け継ぐ私たちは、大がかりにしないで、たとえば福井の小鯛のささ漬けのようなもので作ってもいいと思う。野菜は五目ずしの要領でにんじん、しいたけ、かんぴょうなどをレギュラー材料とすれば結構だし、小さな押しずしの箱とか、一人前ずつ、物相《もっそう》めし作りの器で作るのも面白い。私は、魚のそぼろを加えたりすることもある。

ただし、錦糸卵だけはたっぷり用意して、一番上は錦糸卵でかざりつけ、木の芽のないときは、さやえんどうの青ゆでを、ほそく切って青みにのせる。

こういうものは、作るのが面倒と思えばそれまでだが、作ってみると結構楽しい。友達との持ちよりパーティとか、気楽に友達と話したいときに、何人人がきてもいいもてなしにはおすしが一番簡単だ。

ただの五目ずしでもいいのだが、同じ材料でも、形を変えるとまたごちそうらしくなる。

ときどき、デパートの物産展などで、九州の名産品などと並んで「大村ずし」が売り出されていることがある。私は見ればつい買ってしまうが、手作りは具の量がちがうから比較はできない。けれども、どんな感じのものか一度は見ておくのもいいと思う。

本格的に作るのを受け継ぐことは、今どきむずかしいけれど、どんなものかを知っていて省略するのは「食べる知恵」だと思うので、せいぜい、おすすめするしだい。

うちのおいなりさん

久しぶりでいなりずしを作った。近所のスーパーにも売っているし、もちろん、おすしのチェーン店にも売っている。手をかけて作らなくても不自由はしないが、急に「うちのおいなりさん」が食べたくなったのだ。

どうせ作るなら、たくさん作ってみんなにも食べてもらおう、と、妹や近くに住む友人たちにも配ることにした。これは家族がいたときの習慣で、ふだんと変わったものを作ると、夫はよくだれかに食べさせたいといい出すので、いまだに余分に作る習慣が消えないようだ。

「うちのおいなりさん」は皮もごはんもごくうす味に作る。ごはんには季節によって香りのものを加える。秋から冬にかけては柚子の表皮を針のようにほそく刻んで酢めしにまぜる。その他の季節には白ゴマをまぜる。もっとも、温州みかんや夏みかんの季節には表皮を同様にして使うが、よそのお宅の庭にある夏みかんが実ったときだけ、肥料も農薬もなしのすっぱい果汁と皮を刻み入れた夏みかんの酢めしを作る。わが家にとっての季節の味なのだが、こういうものは、ふっと思い出すと、むしょうに食べたくなるものだ。

私が「うちのおいなりさん」を食べたくなった理由は、庭の一寸柚子が直径三センチほどの青い珠《たま》になっているのを見かけたからで、ついこの間までは、さくらんぼほどであったのにと、ひとつ取ったら、急に、この皮を刻み込んだおいなりさんを食べたい、と思ったのだった。

たくさん作っても、自分の食べられる量はわずかだが、ひとつかふたつ口に入れればそれで食べたいものが食べられたことで小さな幸福感にひたれる。

「うちのおいなりさん」は夫と作った私たちの家庭の味で、母の味ではないが、こういうものをもつことは、心のふるさとがあることだ。うちの煮物、うちのラーメン、何でもいいが、みんなが味にまつわる「うちのあれ」をもってほしい。

「うちのおいなりさん」の中に、もうひとつこんな味もある。これも、夫と共に作った味といえるかもしれない。季節は春なのだが、つわぶきを入れたおいなりさんである。これだけは、ほんの短い春先の何日間かしか作れない。こういう季節の味にまつわる自分だけの楽しみをもてたことを、今の私は、何よりのしあわせと思う。

毎年、新しいつわぶきが出てくると、私は一度だけ、ばらずしに入れて香りを楽しむ。今年は、出はじめの芽がみんなほそく、折ろうとすればしなう硬さで、もう少し時期を待ってみようと思っていた。数日の旅行から帰ったら、むっくりとしたいい芽があちらこちらに出ている。

一株のつわぶきを友達の家の庭から分けてもらってきたのは二十年以上前である。友達の家には美しく手の入れられた庭があり、池や築山を配した庭の、ところどころの石の間に植えられたつわぶきがとても美しかった。花が目についたのだから秋の終わりであったろう。友達のお父様がていねいに庭の手入れをしておられるとき、気おくれしながらも「つわぶきを一株いただけないかしら」といってみたのだった。

今では何株にも増え、花のない季節に、庭のあちこちに黄色い花を見せてくれる古いなじみである。花とともに、春は口も楽しませてもらう大事なものになっている。

関東ではつわぶきをあまり食べないようだ。私も夫の郷里の愛媛で年寄りから食べ方を教えてもらった。綿毛をかぶった若い葉柄を塩熱湯に入れてゆで、冷めるまでそのまま置くと「アクでアクが抜ける」と教えられた。うす味に煮ると苦みもなく香りが生きておいしい。洗って二日ほど干したのを辛く煮しめたのが本当のキャラブキだともいう。

しかし、うちの庭ではまだ、キャラブキにするほど収穫できないので、アク抜きをしてうす味に煮たのを、ふつうのすしめしにまぜるだけだ。今年は時期を失して、いい葉柄が数本しか取れなかったので、ほんの少しのすしめしにつわぶきだけを入れ、いなりずしにした。少なければそれでまた工夫もできる。春の香りのおいなりさんだ。これを一度は作らないと忘れものをしたようだ。

菊ごはん

暦の上での重陽《ちょうよう》は九月九日だが、菊の節句とも呼ばれるのは、旧暦ではこの季節が菊のまっ盛りであったからで、たしかに今の暦では十月に当たる。

菊の節句には、さかづきに菊の花を浮かべて菊酒を飲んだという。貴族の遊び「曲水《きょくすい》の宴《えん》」にちなんでのことだとか。

若いころの私は、そんな話をきいても、昔の人はひまだったから、いろんなことをしてたのしんでいたのだ、くらいにしか受けとめられなかったのだが、年をとるにつれ、そんな季節の味わい方を、いいなあと思うようになった。

「菊酒」とは何と優雅な名のお酒だろう、そう思ったら飲みたくなって、ある日、庭の小菊の花びらを数枚、さかづきに散らしてみた。季節とはこんなふうに味わうものかとうれしくなったことを思い出す。

念のため、そのとき知り合いの植物学の先生に、菊に毒性はないかと調べてもらったら、「大丈夫」と、どれも食べて差し支えないことを教えてもらった。そこで果実酒の要領で菊酒作りにも挑戦してみた。風邪にいいときいていたからで、たしかに、菊を焼酎とハチミツにつけておくだけの菊酒を、ゾクゾクッとしたときウイスキーグラス半杯ぐらい飲んですぐ寝てしまうと、たっぷり汗をかいてすっきりすることをおぼえた。

私の好きなのは、毎年この時期に新潟の友人から送っていただく、食用菊の「かきのもと」を使って、菊ごはんを作ること。塩と酒で味つけした新米の炊き上がりに、酢洗いをしておいた菊の花びらを散らし込むだけだが、あつあつのごはんにまぜるときの高い香りは、ああ、秋だと感じさせられる一瞬だ。

こんなところにも、暮らしの中の小さな秋があることを、ていねいに味わえるようになったのは、それだけ、いまは自分の時間が豊かになったのだと、しあわせを感じている。

冬の朝がゆ

畳の数でいえば四畳半ほどの土を耕して、私は菜っぱを作っている。今は小松菜と春菊にチンゲン菜が、それぞれ五、六センチほどの丈で、緑の美しい色を見せてくれている。

冬の朝はおかゆがおいしい。そのおかゆの青みに「私の畑」の菜っぱたちを使いたくて、花より菜っぱという気持ちで野菜作りをはじめた。私のおかゆは牛乳がゆで、白いおかゆの中に、とりたての菜っぱを浮かすと本当に美しい。とくに若菜の色は格別である。

女子栄養大学の亡くなられた香川綾先生は、米寿を過ぎても、髪は黒く、新聞も眼鏡なしで読まれたという。教壇にも立っておられた。いつお会いしても、お元気なこと、そしてにこやかにしておられたのを、私は見事だと拝見していた。栄養学を身をもって実践していらっしゃるのだと思っていた。

その先生が、朝は牛乳がゆを作って召し上がっていた、とおききしたので、せめて朝食だけでもと、先生のまねをしている次第だが、私のはおかゆというより牛乳ぞうすいかもしれない。

初めはお湯を少し入れて、ごはんをやわらかく煮る。ごはんがおかゆ状になったら牛乳をたっぷり加え、よく作りおきしてあるにんじんのグラッセとか、さつま芋のふかしたものなどを小さく刻んで入れ、わかめなども入れる。あり合わせのものを何種類か入れるのだが味は塩味。卵は必ず入れる。青みはうちの畑の菜っぱたち。

これで基本的な栄養のバランスはとれていると思うので、ほかはあまり気を遣わずに、さけの切り身をほぐしたものとかちりめんじゃこ、牛肉のしょうが煮など、それぞれ自分で塩を加減して作ってある保存食を、食べたいものだけ出してお膳に並べる。食後のくだものもたっぷりと食べる。

一日の歩み出しのとき、しっかり食べる習慣をつけてよかった、と、自分の健康に感謝しているが、菜っぱ畑も健康作りの一端である。

自分流のおかゆ

おかゆの話のついでに、七草がゆと茶がゆ、小豆がゆなど、もう少しくわしく書いておく。

七草がゆは正月七日の行事食で、かなり広く行われていることだからよく知られていると思う。この菜がゆは、さらっと仕上げて七草を入れるので水は十倍くらいがいい。

せり、なずな、ごぎょう、はこべ、ほとけのざ、すずな、すずしろ、この七草の春の野の幸を刻み込んで、松の内のごちそう攻めの胃袋に少しゆっくりしてもらうのに適した行事食だ。おかゆは塩味だけの、さらっとした仕上げにして、火を止める寸前に、みじんにたたいた青菜の類をぱっと入れてかきまぜる。

おかゆの基礎ができていれば、水をほうじ茶にかえるだけで茶がゆが作れるし、小豆がゆは、小豆を程よくゆでておいて、さらさらがゆにやわらかくゆだった小豆を好みに応じて加えればいい。しばらく加熱、その間に上下によくまぜ、ほんの少々の塩を加える。

小豆はやわらかくなるまでに時間がかかるし、最初からお米といっしょに炊くと仕上がりの色が悪くなるので、お米の白が残されるように、別に炊く方がよい。豆だけすくっておかゆにまぜればいい。小豆がゆは塩味でなく、砂糖をかけてたべる習慣の地方が多い。もちろん、砂糖を使いたくなければ塩味でいい。ただ、正月十五日の朝たべるおかゆだから、新年の行事食としてしきたり通りにする場合が多いようだ。

茶がゆはお茶にしてから水かげんしてもいいが、普通におかゆを炊くように水かげんしておいて、ガーゼの小袋にお茶をいれ、いっしょに炊いてもいい。これは塩味を少々。お茶はほうじ茶がいい。または、玉露の粉茶を袋に入れて、仕上りのちょっと前におかゆの中に入れて、うっすらと緑の色を美しく出すのもいい。

私は白いおかゆに抹茶をかけた茶がゆもたのしむ。自由に味や香りを作ってたべる方がいい。

お米から炊き上げるおかゆでなくても、残りご飯を使ってもおかゆはできる。いたずらに道具を増やすより、火かげん、水かげんで自分流の好きなおかゆを作る知恵を身につけたい。

あかのごはん

東京では正月十五日に小豆がゆを食べる。もっとも、東京という所は、日本各地から集まった人が、それぞれのお国風を持ち込んでいるから、東京風といわれているものも、地元の昔からのものといえるかどうか分からない。

私の住んでいる杉並の阿佐谷は、縄文時代の遺跡もある所で、古くから人の住んでいた土地ではあるが、杉並風があるわけでもなし、昔の豪族阿佐谷氏の残した生活習慣というものも、半世紀以上住んでいても聞いたことがない。そのかわり、越後風だの信州風だのとお国風の正月行事を守っている人は身のまわりにたくさんいる。甲州出身の知人は、お国風の料理のことをよく話してくれるが、やはり正月十五日に小豆がゆを食べるという。それも、砂糖をたくさんかけて、甘いのを食べるのだそうである。

昔は、正月に必ず餅を食べるという習慣の土地ばかりではなく、むしろ、日常は雑穀を食べていて、正月のようなハレの日に白米を食べるとか、小豆の入ったごはんを食べるというのが普通であったとも聞く。今でも、正月に餅を食べず、すいとん風の汁ものを食べるとか、うどんを食べる土地もある。もっとも、平家の落人《おちうど》伝説などとともに、正月の餅を遠慮する風もあるし、土地に伝わるものはさまざまだから面白い。

幼いころ、東京の下町でわずかの間暮らしたが、そのとき世話になった商家で、毎月一日と十五日は「あかのごはん」というのを食べさせてもらった。今思えば、うるち米に少しゆでた小豆を汁ごと加えて塩味をつけたものであったと思うが、珍しくておいしかった。

その記憶をたどり、自分の家庭をもってから、ときに「あかのごはん」を炊いたこともあった。ふっと、そんなことを思い出し、たまたま来客があったので「あかのごはん」を炊き、白みそ仕立てのはんぺんとみつばの味噌汁を作った。考えてみたら、東京生まれの私が、何か祝い事があると食べさせてもらっていたものであった。

第二章　季節を味わう

春をたのしむ一皿

むかしのように、冬になると青いものが食べられないという食生活ではなくなりましたが、それでも冬の間はとかくビタミンCの不足がおこりがちです。家事や季節の行事にと、急に忙しくなる春にそなえて、春を迎える前には体力をつけるための栄養のバランスをとくに考えておきたいものです。

中でもビタミンAとCが、春先におぎなわなければいけない、いちばん大切なものです。これらを含む食品は、少しでも無駄なく食べる工夫をしたいもの。

たとえば、カンキツ類の皮なども、捨てるにはおしいCの供給源です。夏ミカン、伊予カン、ハッサクなど、ノーワックスのものが手に入れば、丸のままぬるま湯の中で、タワシでよく洗い、皮の表面を薄くはぎとり、針のように細くきざんで即席漬のキャベツや小カブの塩もみに入れたり、おろし大根に入れるとおいしいものです。

春向きのおすしを作るのにも夏ミカンの汁を使うとよいものです。酸味のつよい夏ミカンの汁をしぼって、これを食酸と同様に使ってすし飯を作り、その中に針のように細くきざんだ夏ミカンの皮をまぜこみますが、なんともおいしい春のおすしです。

ごはんには、ミカンの皮だけを入れ、お皿や鉢に盛ってから、魚のそぼろ、いり卵、ノリ、紅ショウガ、カマボコ、ハムなど、何でもあり合わせをかざると、たいへん手軽で美しいおすしができて、しかも春の感じもいっぱいです。

春のカンキツ類は皮が厚くてもったいないので、せいぜい利用することを考えたいのです。

表皮をとった白い部分も、フワフワした部分を取りのぞいて一度ゆでこぼしてから砂糖煮にしておくと、これは栄養の点ではなく、おたのしみの要素として役に立ちます。こたつ仕事の合い間に時間をかけて作っておけば、忙しくなった春の日に、おやつの甘みに利用できるし、朝のパンにもホームメイドのものがたのしめるというわけです。

漬物も、そろそろ古漬にあきてくる春先には、大根、カブ、キャベツ、カラシ菜など、即席漬を食べるとよろしいでしょう。とくにカラシ菜はビタミンCもカロチンもたっぷり含まれていますから、漬物以外に、おひたしや和えもの、油揚といっしょに薄味に煮て食べるなど、おおいに使いたいところです。

塩漬は、ざるにのせて一度熱湯をかけてから漬けると、辛みも香りも出てきて、一日でおいしく漬かります。

なお、熱湯に通す程度にゆでて水気をしぼり、バターでいためても、カラシ菜特有の、一種のほろ苦さがおいしく、大人好みの味です。

春は卒業、入学、就職祝いといった形で、どこの家庭でもお客さまを迎える機会が多いときです。約束以外の不意の来客に食事を出す場合もありましょう。

豚肉をかたまりのままで四〇〇グラムくらい使い、たっぷり塩、コショウをぬりつけて一晩おき、丈夫なもめん糸でしばって形をととのえ、フライパンでまわりをよく油焼きしてから料理用のワインを入れ、ネギの青み、ショウガの皮などを香料として入れ、三十分ほど煮こんでおくと、淡泊な味の焼き豚ができます。

これは、はしから切って使えば、かなり長持ちします。冷えてから薄切りにして、キャベツやレタスなどの細切り、または別の生野菜と盛り合わせ、辛子酢味噌、辛子じょうゆ、マヨネーズなど、好みの調味料で食べられるように調味料をいろいろ出しておくと、子どもから酒飲み、お年寄りまで、誰の口にも合うのでたいへん便利ですし、見た目も豪華な感じが出ます。豚は安いし、動物性食品にはまれなビタミンB_1の補給源でもあります。

こういうものがひとつあると、食卓に人を誘うのも気が楽で、ほかにつまみものや卵のお汁、ごはんと漬物があれば形もととのい、気のおけない人なら、お総菜用の煮物とか干し魚をいっしょに出せばにぎやかになります。

豚は一例ですが、お総菜としても使え、保存食にもなるものを一品、何かしらたやさず作っておくと便利だと思います。

菜の花あえ

日本料理の名には、本当にうまくつけたものだと思わせられる名が多い。昨日も、友だちの家で一品もちよりの梅見の会をするというので、私も何か春らしい一品をもっていこうと考えた。たまたま、梅の名所の近くにある友だちの家は、毎年、梅見の宴の会場になるので、集まるものが、せめて一品をたずさえていこうということになっている。

私が今年の一品にきめたのは「ひらめとうどの菜の花あえ」。これはひらめを酢じめにして使う。うどは皮をきざんできんぴらを作り、おまけの一品とした。皮を厚くむかなければすじっぽくておいしくないうどは、皮を別に使うと思いきって厚くむける。

菜の花あえは、卵を菜の花に見立て、白身魚の酢じめと、季節のうど、青みのきゅうりをいり卵であえる料理である。いり卵のことを「菜たねにする」と、私は幼いときからいいならわしてきたが、これも、だれかがいい出した調理名であろう。子どものころ、おべんとうのおかずにいり卵はごちそうで、私は、今日は菜たねべんとうだよ、と母親にいわれるとうれしかったことを思い出す。

菜の花あえは、いつ、どこで覚えた料理か忘れたが、下ごしらえを早めにしておけるので得意とするものの一つである。

いり卵を、やや甘みを強くつけてポロポロにいり上げ、裏ごしにしておく。きゅうりは小口から薄切りにして塩をふり、しんなりしたらキュッとしぼっておく。うどは四センチほどの薄いたんざく切りで、酢と二倍の水を合わせた中に放して酢味をしみこませておく。魚は刺身より薄く、小さく切って生酢でしめ、それぞれ冷やしておいて、食卓に出す直前に、裏ごし卵であえるだけ。あじの酢じめを使っておそうざいにするのもいい。

いかにも春の感じで、菜の花畠の風情が出る。分量の割合も自由に、味は塩味を適当におぎなって好みにつける。こういう料理は、いくつになってもおいしいと思うし、第一美しい。二月はひらめの旬。うども早く出る。春を先取りした、寒い盛りに味わう春である。

お茶の新芽のてんぷらと茶めし

うちの庭のお茶の新芽が、やっと摘みとれるほどの大きさになった。毎年、この季節が楽しみなのは、新芽のてんぷらと茶めしを味わえるからで、今年も早速てんぷらにして食べた。昨年はひどい毛虫の発生で、ツバキやサザンカだけでなく、お茶にまで被害が及んだ。おかげで、五本のうちの二本の木はすっかり葉を食べつくされ、枯れるかと思った。やっと新芽を出し始めたが、その数は少なく、摘みとって食べるのは気がひけてできない。

お茶が盛んに新しい芽を出す季節は、食べられる野草もたくさん芽をふいているから、しばらくは人のもてなしにも不自由がない。柿の新芽もちょうどよい大きさになる。ドクダミやユキノシタのようなアクの強い草もてんぷらにすると結構おいしいのはご存じの通りだが、いのちのみなぎった新芽を食べることで、新しい力がもらえるような気がするのだがこういう考え方は、まさに日本人の古代からの考え方なのだと思う。

せまいうちの庭でも、セリ、ヨモギ、サンショウやハルジオン、ハコベ、ウコギ、ギボシやコゴミも結構収穫できる。みんな生命力にあふれていて、どんどんはびこってくれるから、摘みとるのにも気がねがない。自然の与えてくれるごちそうだと思って、ありがたくいただく。土の力というのは本当にすばらしい。

お茶の新芽を摘み、小さなザルに入れ、塩熱湯の中で振り洗いするようにしてすぐ水をかけ、針のように細く刻んでおき、塩とお酒で味つけして炊き上げたご飯にまぜ込むこの茶めしは、新茶の季節にしか味わえない。お茶の木がなければ、新茶をもみほぐしてまぜ込んでもいい。お茶の量は少なめに。

この季節でなければ、という食べ物をわが家のお惣菜レパートリーに入れておくのは、一つの精神的財産になることも忘れたくない。例えば家族がちりぢりに暮らすようなことになっても、季節季節に家族の心をつなぐ太い綱の役目を果たしてくれるに違いない。

きゃらぶき

会津の知人から野ぶきを送っていただいた。適当に細くてやわらかい、みるからにきゃらぶき向きの姿。ようやく春を迎えた雪深い土地からの山の幸到来である。

荷物が届いたのは夕刻。大急ぎで何にしようかと考えたが、きゃらぶき以外には考えられなかったので、すぐ準備にかかった。本来なら一日乾かしてから作るのだが、ちょうどその翌日も翌々日も早朝から外出しなければならない予定があり、放っておいたら品質が落ちてしまうだろう。せっかくのご好意だから有効にいただかなくては、と考えてすぐ煮ることにした。二十センチから三十センチくらいの細いふきは、まだ食べてしまうのが惜しいくらいで、すぐやわらかくなりそう。洗ったときに含んだ水分だけでもかなり多いと見たので、何も入れずにすぐ火にかけた。なべはアルミ。ほうろうなべを使いたいのだけれど、うちには大なべがない。しばらく火にかけておくと、水が出てがたんとかさが落ちたので、手持ちのほうろうなべに移して煮込みにかかる。赤唐がらしの輪切り一本と梅干し一個が隠し味、たっぷりの酒としょうゆ、昆布茶の味ではじめは薄く、とろ火でゆっくりと煮た。ときどきなべをあおって上下に返し、だんだんに味をきめて仕上げたが、手をつけてからほぼ四時間、ただ無心できゃらぶき作りにはげんだ。こういう時間はなんとも楽しい。

煮上がったふきをつまみながら、もう夜もおそいのに新茶をいれて、「ああ、おいしい」とひとりで喜んだ。ささやかなことで幸福感を味わえる私は、しあわせものだと思う。亡くなった夫は、「全く、きみは安上がりにできているよ」と、よく私をからかったが、ふきが上手に煮上がっても本当にしあわせを感じるのだ。

たまたま、その日の昼間、〝おふくろの味〟というテーマでの座談会に出席したが、出席者はほとんどが中年の男性で、若者はひとりだけ。中年男性は、「おふくろの手のぬくもりを感じる料理は、やはり人の心を落ち着かせ、家族に幸福感をもたせる」などといい、里芋の煮っころがしや切りぼし大根の煮付けを懐かしがっていた。若い人はだまっていた。

きいていて私は、そればかりがおふくろの味ではなく、ハンバーグもラーメンも、今どきの母親は得意だろうし、子どももそれを喜ぶだろうと思った。と同時に、ときには父親の得意なギョーザも、息子や娘が作るサラダやケーキ、チャーハンも、家族みんなに共通の「うちのあの味」として定着していくように考えることが、おふくろの味に代わる家庭の味をもつためにはのぞましいのではなかろうかとも考えた。台所が女だけのものでもなくなった現在、いつまでも「おふくろが作ってくれた煮っころがし」だけに恋々としていないで、自分で何でもできる生活技術をもたなければ、寂しい思いをしなければならないのではなかろうかという気もする。私など、きゃらぶきを作って食べただけでもしあわせになれるのは、料理という生活技術をもったおかげだと、お茶を飲みながら、昼間の話を思い出した。

ふきの青漬け

梅を漬けたり、らっきょうや紅しょうがも今年はたっぷりと漬けた。家族がいなくなってから、わが家の年中行事になっていたことを、ふっつりやめてしまっていたが、ひとつには、身のまわりの人々から、ひとりでは作る気もしなくなったという私に、おすそわけをくださる方があって、私ひとりが食べるくらいのものはたっぷりある。本当に、ひとりが食べるこの種のものは多くはいらないものだと思う。

今年、急に思い立ったように季節のものを漬けたり、保存食としてのきゃらぶき、甘酢漬けの青ふき、木の芽の佃煮などを作ってみたのは、しばらく手をつけなかった食の年中行事を懐かしむ気持ちが出てきたのかもしれない。紅しょうがだけは、毎年漬けて友だちに贈ることにしているので今年も漬けた。私は盆暮れに特別の贈りものをしないので、自分の手作りとか、好きなものをおすそわけという形で、ふだんお世話になっている方に感謝の気持ちや、自分の心をあらわすことにしている。

ところで梅漬けは、梅干しではなく、いただきもののはちみつがあったので、暑い盛りの来客のために、はちみつに青梅を漬けこんだ。一カ月程で梅を引き上げ、はちみつは薄めて氷を浮かべた飲みものにする。このはちみつは、ダムに沈むふるさと徳山村を写真にとりつづけてこられた増山たづ子さんが、送ってくださったものだ。わが家に訪れる方々に味わっていただくたびに、増山さんと徳山村を私は思い出すだろう。

らっきょうは、程よい塩かげんの塩漬けが食べたくて漬けたもの。塩熱湯をかけて、塩湯もらっきょうも冷えたところで漬け込んだだけだが、ほんの少量である。

今年の私の自慢はふきの青漬けで、はじめて作ってみたが、なかなかおいしい。これは一年じゅう置けるから、ふきのたくさんとれる土地の方にぜひ作っていただきたい。細身のふきをなべに入るだけの長さに切って、銅の板か、銅の釘でも入れてざっと煮立て、水にとって一晩さらす。二、三度水をかえるといい。あらためて皮をはぎ、食べやすい長さに切りそろえる。酢酸を五倍くらいに薄めた酢に、砂糖をまず酢の三分の一ほど入れて煮立て、その中にふきを入れてしばらく煮ると、青く色が冴えてきて美しい。味は好みで、酢がきついと思えば砂糖を加え火をとめて冷えるまで置く。銅なべを使えばいちばんいい。

じつは昨年よそからいただいたのが、とてもおいしかったので作り方をきいて、知人にたのんで福島からふきを送っていただいたのだが、甘いのに酸味があるのでさっぱりした味である。魚の塩焼きの前盛りにしたり、お菓子の代わりに少量を小皿にのせてお客に出したりすると、喜んでくれる人が多い。

名店街に行けば、日本じゅうはおろか外国の有名なお菓子だって手に入る時代だからこそ、わが家製の飲みものやお茶うけをお客に食べてもらったり、それを自慢したりすることを楽しみたい。名店の味は尊敬するが、わが家の小さな台所で、清潔な器や手で楽しみながら作るもののよさも、味わいなおしたいと思う。

玉ねぎ料理

毎年、新玉ねぎが出ると、一度は食べておきたい料理がある。表皮一枚はいで丸のまま、昆布とかつおぶしのだしに、うす口しょうゆとみりん少々で味をつけ、汁とも煮物ともつかぬ形で汁だくさんに煮上げるのだ。竹串をさしてみて、まずはいい手ごたえと思うところで火を止める。できるかぎり煮えばなを食べるのがおいしい。家族がいた頃は、テーブルに出してもすぐ食べない人もいることを考えて、うすく葛《くず》を引いたこともある。

まず一口汁を吸い、箸で玉ねぎをくずしながら食べるが、和風の味つけに玉ねぎ独特の味や香りが加わって、私にとっての梅雨どきの味のひとつなのだ。誰かに教えてもらって以来、好きになったものだが、おいしいと思う。

玉ねぎは一年中出まわっているし、どちらかというと脇役に使われる素材だけれど、それだけよい味をもっているということであろう。玉ねぎがなければ間が抜けた味になる料理は多いし、主役となれば個性が輝く。すばらしい素材だ。だから私のような一人暮らしの生活でも、訪ねてきてくれる人との食事を楽しむために、いつも冷蔵庫には小玉ねぎ、紫玉ねぎなど、いろいろな種類をきらさずに置いていて、煮込みだ、サラダだと料理によって使い分けている。

玉ねぎが日本中で使われるようになったのは、そう古いことではない。以前、私は年老いた人たちに「昔の暮らし」をきき歩いていたが、そのときよく、「玉ねぎは村長さんがどことかの長者さんからタネをもらってきて植えたのが、この村でのはじまりだった」というような話をきいたが、まだ生きている人からきいた玉ねぎの歴史として記憶に残っている。

幼い頃の私にとって玉ねぎは西洋の味だった。下町育ちの私の母親は、玉ねぎにはなじみがなかったのか、あまり食べさせてもらった記憶がない。ただ、近所の洋食屋さんで晩ごはんのおかずを買ってきて、テーブルに並べるときだけは、「玉ねぎのフライ」というのがコロッケと並んでお皿にのっていた。今考えれば何のことはない精進揚げの玉ねぎなのだが、私にはそれにソースをかけて熱いごはんにのせて食べるのが「西洋料理」であった。ソースとはウスターソース。

今でも私は「玉ねぎのフライ」が、むしょうに食べたくなることがある。

玉ねぎにはビタミンB_1の吸収をよくする働きがあるというし、ビタミンCも少しはある。サラダには欠かせない香りと味だ。

常備の仕方は生だけでなく、いためて冷凍しておくと使いやすい。年をとるにしたがって、料理にも手をぬきがちになる。玉ねぎのみじん切りをとろ火にかけて二十分から三十分くらいオリーブ油でいためたものは、洋風料理の基本になることが多いので、一度にたくさんいためて小分けにしておくと、たとえば、ポテトコロッケとか肉だんごを作るとき、シチューやカレーを作るときでも、あるいはオニオングラタンを作るにも便利で使いやすい。

私は、玉ねぎ三個くらいをいためては、五等分ほどにして冷凍しておく。きっちりとラップに包み、冷凍する。冷凍すればにおいも出ないから安心して保存できる。ていねいに作って便利に使う、おいしいものを食べたいための知恵のひとつだ。

筍の皮

「朝掘りだから、このままみそ汁に入れてはどうかと思って」と、小柄でむっくりとした筍を一本、近所に住む友達が届けてくれた。私の住まいの近くには都内でもまだ筍の採れる畑や梅の林をもっている昔からの地主さんがいる。その縁続きに当たる私の友達から、よく新鮮な畑のものをおすそ分けにあずかる私は、何をおいても鮮度のいいうちにと早速ごちそうになる。

筍は切り口が白い汁でぬれていた。すぐ皮をはぎ、芽先のほうは少し姫皮を残してすぐ熱湯でゆで、薄く刻んでグリーンアスパラといっしょにマヨネーズであえたサラダに。根元に近いほうは、生のままこまかく刻んで油でいため、わかめといっしょにみそ汁の実に、と、すぐ使い切ってしまった。関西の土とはちがうけれど、やはり掘りたての筍のやわらかさは絶品だし、生のまま使うぜいたくをさせてもらったことに感謝した。

食べ終わって、さて落ち着いたら、きれいな筍の皮で、子供の頃おやつ代わりにペロペロなめて楽しんだあの梅干しを包み込んで三角に作ったあれを、作ってみたいなと思った。

筍の皮は梅干しの酸にあうと、とくに赤い梅干しでなくともうっすらと赤みがさしてくる。皮をへだてた梅干しは、やわらかい味になる。

たまたま、私はある雑誌の企画で、便利すぎるほど便利で豊かになった私たちの生活が、もしかすると大切なものを見失って取り返しのつかないことになるのではないか、便利さのために得たもの、失ったものを再点検しておこうという仕事にかかわっていたので、昔の子供はこんなおやつをもらっていたのだと、久し振りに作ってみようと思ったのだ。

けれども、本物の紀州の梅干しというのを買ったら一個百五十円だったと驚いていた人もいる。これでは子供のおやつにはならない。第一子供が喜ぶだろうか。

何もかも変わってしまったともいえるが、年に一度くらい梅干しを奮発して筍の皮のおやつを孫に教えることも、私たち世代の者の役割かもしれない。

沖縄のもずく

この春、久しぶりで沖縄に行く機会を得た。まだパスポートの必要な頃に行ったまま、すっかりご無沙汰していた。いくどか、誘いを受けたこともあったのに、家庭内の事情でどこへ行くにも日帰りをしなければならない時期がつづいていたため、せっかく沖縄へ行くなら、せめて二日や三日は仕事を離れてゆっくりと歩きたいところもあって、ついつい「またの機会に」ということになってしまっていた。高齢家族になって、私だけが健康で身動きも軽いため、頼りにされていたから、私もいっしょうけんめいな時期であった。

つづけて姑と夫を見送ったあと、一人になった暮らしは、ふっと家の中に空白を見る気持ちと、以前にくらべればうそのように気楽になった自由さとが裏と表であることを感じている。沖縄行きにも、自分の都合だけで応じられる身軽さを味わった。

「沖縄に行ったら、もずくを忘れないで買ってきて」

私より少し前に行った友達が、おいしかったので買ってきたと、たべさせてくれたもずくが本当においしかったので、私もそれをおみやげにしようと思っていたが、出発前に、もう一度念をおされた。それほど、友達も私も、沖縄もずくのシコシコした歯ごたえのある味に熱をあげていた。

琉球新報の仕事で沖縄行きのチャンスを得たのだが、たまたま私の友達とも知り合いの事業部の新垣さんに、いろいろとお世話になったので、どこでもずくを買ったらいいだろうかと相談したところ、もう少し待てば新のもずくが出るから、送ってあげよう、といってくださった。願ってもないことと、ごやっかいなことをおたのみしてしまった。

やがて届いたもずくの味は、やはりすばらしかった。欲ばって、たくさんお願いしてしまったので、もう、すでに老いの入口に立っている私のきょうだいたちや近しい人にも分けてあげたが、中に一人二人から、

「もずくはからだにいいってきいているけれど、あの、つんとくる酢の味がきつすぎるって、うちの主人はたべないのよ」

といわれた。どういうたべ方をするのかときいたら、

「酢としょうゆを半々にして、それをかけるだけよ」

という。私は得意になって割り酢を教えた。昆布だしと米酢を一カップずつ、それにみりんを半カップ、塩を小さじ二杯（粗塩）、しょうゆや砂糖も好みによっては入れて、全部いっしょに一煮立ちさせ、これを冷蔵庫に保存しておくと、酢のものを作りたいときにすぐ使えて便利だから、ためしてみなさいとすすめた。そしてもずくには、針ショウガを少しあしらって、とも。主人がたべない、といった人から、

「たべさせてみたわよ。そうしたら、お前どうして今までこういう味にしなかったんだ、もずくは毎日だっていいんだ、いつもうちでたべると酢がきつすぎて、たべにくかったんだ、なんていうのよ。にくらしい、飲み屋ではもずく好きで通っているんですってさ」

と、思いがけない話もきかされた。

割り酢は、家事と仕事にかけずり回っていたような私の生活の工夫であった。夕食のしたくに時間がとれないとき、キュウリもみの一品だけでも先に作って、お酒と共にテーブルに出しておき、魚を焼いたり汁ものを作ったりと料理にかかる、そんなこ

とが多かった。冷えた野菜に、冷えた酢で味つけをしたり、ちょっとあたりごまを割り酢でゆるめて何かにかける、そんなとき、冷蔵庫にある割り酢は何とも重宝であった。生涯お酒と縁の切れなかった夫の晩酌に、おかげで私は、料理にならないような料理もたくさん工夫したし、それが結構仕事にプラスになった。はじめての沖縄行きでは、もずくに会わなかったことを思い出す。

ラッキョウ漬け

東京に住んでいて、おいしい水が飲めるなんて、本当にぜいたくだと、よく人にいわれる。東京の杉並に、もう半世紀以上住んでいるが、井戸水をポンプであげて使っている。水道はもちろん入っていて、ほとんどは水道水を使い、お茶と料理用、水まきには井戸水を使う。水質検査もしてもらって、飲用水にしても差し支えなしとのお墨付きを得ている。

よそのお家でお茶をごちそうになると、

「あっ、カルキくさい」

と、一瞬茶わんを下におきたくなって、あわてて何気ない風をよそおうこともある。とくに新茶の季節には水のおいしさをしあわせに思う。そして、水に関しては自分がぜいたくをさせてもらっていることに感謝する。何十年間もその井戸水のおかげでおいしいお茶を飲み、料理にも使ってこられたのは、しあわせというほかない。

知り合いのコーヒー好きの若い夫婦は、マンションの水のひどさを嘆き、コーヒーだけでもおいしく飲みたいのでと、車で水をもらいにくる。

お茶は直接に水のまずさがあらわれるので、だれしも気がつくけれど、料理にも水の影響は大きい。汁ものなどは、やはり水がものをいうようだ。

ふだん、気にもしないでおすましなど作っているが、たまたま妹の家でとろろ昆布の汁を作って食べたとき、やっぱり水の差は味のちがいになると感じた。妹も私も一人暮らしなので、とろろ昆布など袋入りを買っても、なかなか食べ切れないから、よく半分ずつ分けて使うため、わが家と同じ昆布であり、作り手も私だから、水のちがいだとすぐわかった。

こんなことから、何はなくてもおいしい飲み水だけはほしいと私は思う。お茶とか、料理用の水だけでも、せめて活性炭を通すなりその他の方法で、いやなにおいや味のない水をもとめる工夫をしたいものだ。

水道の水でも、よく沸騰させた湯ざましを再び沸かしてお茶をいれると、カルキ臭もほとんど抜けるし、そんな湯ざましを冷蔵庫に入れておくと、ずっとおいしい水が飲める。

先日、味の化学についての座談会に出たとき、専門の先生から、もののおいしさを作る基本には、水がどんな形になっているかが影響している、というお話をうかがった。昔から、船で運んだ酒はうまいといわれていたそうで、船の振動が水の分子集団をこまかくするせいかもしれない、という話をされた先生がいた。そういう、水がものの味に深くかかわる話を興味ぶかくうかがいながら、私は突然、ある人を思い出した。漬物の名人といわれた故酒井佐和子さんであった。

酒井さんがお元気な頃は、テレビでごいっしょしたのが縁で、よくお宅にうかがった。ご郷里のおいしいものを取り寄せると、食べにこないかと誘ってくださった。山形牛のおいしさを教えてくださったのも酒井さんであった。

突然に酒井さんを思い出したのは、酒井さんのラッキョウ漬けの秘法を見せていただいたときのこと。その日、招かれて訪ねていくと、

「もう二日ほどあとだったら、おいしいラッキョウを食べさせてあげられたのに」

と、残念そうにいわれた。そして、

「今ね、けとばし漬けをしているのよ」

そういって、さっと次の部屋につづくふすまをあけて見せてくださった。きっちりとねじ込みのふたをした二リットル入りくらいのびんに、直接漬けをしたというラッキョウが入っていた。横倒しになっているので「どうして？」という目で酒井さんを見たら、

「この部屋に出入りするたびに、軽くけとばして、びんをゆすってやるのよ。ゆするほど、早くおいしくなるようで、今研究中なの。面白いでしょ？　けとばし漬けよ」

酒井さんはいたずらっぽく笑いながら、自信にあふれた顔で教えてくれたが、あのとき、水と漬物の関係など、専門家の話をきいて、甘酢に直接漬けるラッキョウの熟成を早める実験をしておられたのかしらと思った。名人といわれた人だから、知識を積み重ね、実験を重ねていたのだと思い、酒井さんの漬物の味も思い出した。

ラッキョウ漬けだけでも、こんな工夫をして漬けたら、おいしいだけでなく、人生楽しくなるにちがいない。水もゆすって動かしてやるとおいしくなるとは面白い。

卵料理

こんなことを知っている人は少なくなりましたが、ほんの少し前まで、乾物屋さんには、贈り物用に使う卵専用のボール箱が用意されていました。赤地に「鶏卵《けいらん》」と金文字で書かれた、それこそ立派な贈り物の容器でした。いまはもう、全く見られなくなりました。二十個か三十個の卵を立派な箱に詰め、よく使われたのは病気見舞いでした。力のつくものを食べて、早くよくなってくださいという心をこめたものでした。

庶民の日常の食べ物ではなかった証拠に、家計簿に支出として書かれた卵は、薬代の中に入っていたという話も聞きました。

こういうことから考えられるのは、卵はからだにいい食べ物だということはわかっていても、むやみに口にできるものではなく、鶏を飼っている農家でも、鶏の生んだ卵は売りものであって、自分たちの食べ物ではなかったわけです。そんなことを記憶している方もあるでしょう。

時代は移って、人手をはぶいての何万羽養鶏《ようけい》なども可能になり、卵は物価の優等生といわれる、誰にでも毎日食べられるものになりました。安定した供給と、とにかく安いタンパク源としての魅力で、どこの家庭にも常備されている料理材料といえます。いうまでもなく卵はヒナになるための、すべての栄養素を含んでいるわけですが、中でもタンパク質は理想的な必須アミノ酸の含まれ方をしています。鶏卵のもつタンパク価を一〇〇として、他の食品のタンパク価をはかるくらいに、タンパク質食品としても優等生といえるものです。

しかもおいしいし、おかずによし、お菓子や飲みものにと、用途もまたあらゆる分野にひろがっていて、申し分なしの食材料です。機械のように毎日一個ずつ生んでくれる鶏たちの生理に感謝しなければならないと思います。

友達の家のパーティで会ったアメリカ人から、アメリカのある州での話として聞いたのですが、男の子に最小限二十種類の料理をおぼえさせるのは常識だとか。結婚して奥さんがお産で入院したとき、留守中ちゃんと食事ができるためにも必要だから、というのでしたが、いまは日本人も、料理は男も女も、当然できなければならないことだといえます。

その話から私は考えたのですが、料理ができることはひとつの生活力だと思うので、料理作りの能力は男も女もなく、ぜひ身につけておくように、親は子にしつけておくことを考えたいと思います。特別に料理を習わせろというのではなく、最もよく食卓にのぼるものをいくつか、食べるだけでなく、作り方も教えておくということです。

私は若い女性に家事家政の話をよくしますが、一番大事な家事技術として、料理は惣菜《そうざい》料理をたくさんおぼえなさいといいます。目標として、ひとつの材料について三種類の料理をおぼえておくように、たとえば豚ならトンカツ、酢豚、生姜焼きでもいい、それは豚肉のどこを使えばおいしいのか、各部位によってさらに三種類と、それぞれおぼえれば完璧で、とくに価格の優等生の卵は、少なくとも十種類以上を、といい、その上で卵料理のコツを教えます。

卵料理は簡単のようでなかなかむずかしいもの。温度の調節は一番のポイントで、黄身と白身では固まる温度が違うし、高温で熱しすぎればスが立って味を悪くするし、味はちょっとでも塩がききすぎると食べにくい味になる、などなどを頭に入れておいてほしいと話します。

子供たちの好きな茶わんむしやプディング、そして意外にむずかしい目玉焼きやオムレツも、手品のように上手に作るお母さんはステキだと、きっと子供たちから尊敬されるに違いないと私は思っているからです。

枝豆料理

青いギンナンを散らしたご飯を「ヒスイめし」というのはいかにも感じが出ていますが、程よく加熱したギンナンの緑色は、本当に良質のヒスイのような輝きがある。

昨夜食べに行った中華料理店で、エビとギンナンのいためものを食べたら、その深い緑色のギンナンが入っていた。新ギンナンがもう出ているのかと思って、今日早速探しに出たが、どこにも売っていない。料理屋さん向けのハシリの新ギンナンでも使ったのかと、あきらめたが、私が食べたいと思ったのはヒスイめしだったのだ。

仕方なく枝豆を使って、ヒスイめしのイミテーションを作ろうかと枝豆を買って帰った。ところが、びっしりと実の入った枝豆の何とおいしいこと。イミテーションなんて申し訳ない話であるとすぐ気がついた。枝豆ご飯で何が悪い、と私は独り言を言っていた。

お酒と塩を少し入れ、コンブを浮かして炊きあげたご飯のむらしぎわに、サヤからはじき出した枝豆をパッと入れ、数分してからご飯と混ぜる。枝豆はやや硬めにゆでて、ざっと水をかけてゆだりを止めてはじき出しておく。量はお米の四分の一くらいまで。

ところで、枝豆ご飯を茶わんによそい、新米が手に入ったら本当にヒスイめしを炊こうと、つくづく見たら、枝豆の色といい形といい、私のもっているあまり上等ではないヒスイとそっくりであった。

急におかしくなって、今度から（立派な本物の枝豆ご飯には違いないが）「私のヒスイめし」という名にしようと考えた。ギンナンだってヒスイではない。だれかを招いて「私のヒスイめし」を食べさせ、その名のいわれを話題にする。そんなことも楽しいではないか。

そういえば、昨夜の中華料理店で、トリとカシューナッツと枝豆の塩味いためものが出たのもおいしかった。いつもピーマンが使われるところに枝豆が使われているのだ。

出盛りの枝豆、せいぜい料理にも使いたい。

花ではないけれど、枝豆ご飯はご飯の中に咲く花のようだ。

ゴボウの白和え

このところ出歩くことが多く、すっかり日やけした。加えて、汗をかいたのが引きがねでパッと湿疹《しっしん》が出て、真っ赤な顔をしている。訪ねてきた妹二人が、「少しファンデーションでも塗りなさいよ」といったが、「この顔に白く上塗りしたら、それこそ〝ゴボウの白和《しらあ》え〟じゃない?」と、私がいうと妹たちは「感じが出るわねえ」と笑った。昔の人はうまいことをいった、と自分で言いながら感心した。白粉《おしろい》の下に地肌が見える化粧下手か、何かの事情で地肌を隠したい人への、いたわりのないいじめなのか、あるいは、いくら厚塗りしても上塗りだけでは隠しきれないという戒めだろうか。ともかくうまいたとえだ。

私が口に出した「白和え」から、姉妹三人が、言い合わせたように「食べたいね」といい出した。

このところ、一見白和えみたいなゴボウのサラダが流行だが、これは私もよく作る。せん切りゴボウを塩と酢を入れた湯でよくゆがき、冷やしてからマヨネーズで和える。程よい歯ざわりを残して、やわらかくゆで上げるのがコツ。私はマヨネーズにすりゴマを少しまぜるが、ゴマとゴボウは相性がいいからだ。酢煮にしたゴボウは白くなり、必ずしも「ゴボウの白和え」の感じはない。

年をとってから、私はミキサーを使って和え衣を作ることを覚えた。水切りした豆腐とあたりゴマ、材料の野菜を下煮した煮汁、塩、砂糖、白みそなどそれぞれの適量を全部いっしょにして、一気にミキサーにかけて和え衣を作ってしまう。

こんにゃく、野菜類、果物など、白和え向きの材料を下ごしらえしておいて、食べる直前に和えるのが一番おいしい。白和えの衣にちょっとスダチやレモンのしぼり汁を加えた白酢風の和え衣で味をかえたりもする。

珍味骨せんべい

飽食といわれる今の日本人の食生活にも、ひとつだけ足りないものがカルシウムだ、とよくいわれる。老人の、それも女性に多いといわれるのが骨粗鬆症《こつそしょうしょう》で、骨がスカスカになってしまっているので、ちょっとした衝撃にも骨折したりするのだという。

私など、まさに骨粗鬆症の年齢だから、これは用心しなければならないと、毎日牛乳だけは欠かさずのみ、乳製品も好きだからたべる。牛乳のカルシウムはからだに吸収されやすくできているときいているからだ。これは信仰みたいに私の身についているること。若い日に栄養学校で学んだとき、最初の講義で栄養学の話をきき、すっかり感動してしまったからだ。人間は生まれてほぼ一年を乳だけで育ち、しかも身長も体重も二倍近くなる。これは乳の中に、人が生きて成長していく上で必要な栄養がすべて揃っている証拠だときいたのである。骨もしっかりできていくのは、カルシウムがたっぷり入っているお乳のおかげだという話は、今も忘れない。

しかし、この講義は、かつて戦争中にきいたので、牛乳などは赤ちゃんがいなければ買えなかった。赤ん坊や病人にも、なかなか手に入らなかったのだから。何をたべて生きていたのか思い出せないほどで、私は、空襲で死ぬ前にせめて白米のごはんをおなかいっぱいたべたいと思っていた。

たまに煮干しなどをもらうと、だしに使うよりは炒ってすり鉢ですりつぶして、ふりかけにしておいた。めったにたべられない魚の干物は、身をたべたあとの骨もよくよくあぶってすりつぶしてたべた。庭の雑草も毒になるもの以外は何でもたべた。とてもおいしいとはいえなかったが。

今は居ながらにして世界じゅうのたべものが手に入る。それどころかもっと買えと世界じゅうから責めたてられている。お金さえ出せば何でもたべられる。

それなのに、こういう時代になったら、かえってものの乏しい時代に工夫してたべたものがなつかしくなってきた。骨粗鬆症にならないためにと、小魚を電子レンジでカリカリに焼いて、おやつに丸ごとたべてみたり、わざわざ骨せんべいを作って、おいしいおいしいと人にまですすめている。

もっとも、我が家の骨せんべいはおいしいはずで、鰺のたたきや酢〆を作ったとき、天ぷらのときのサヨリやキスの骨を使うくらいのことだから、まず数が限られている。「もうひとつたべたいな」と思うくらいのところで無くなるので珍味並みの扱いを受けているからだ。それと、骨せんべいとはいっても、まるっきり身のついていない骨では味けない。たとえば三枚におろした、うっすらと身のついた鰺の骨を酢洗いし、塩をふり、ショウガのしぼり汁もふりかけてしばらく盆ざるに並べておき、ペーパータオルで水けをふき取って油で揚げる。さもなければ、ショウガをしぼりこんだ酒としょうゆ半々の中につけ込んでおき、やはり水けをとって揚げる。

鰺に限らず、キスやサヨリを天ぷらなどにするとき、上手に開けずに骨に身が残ってしまうので、もったいないので思いついたのだ。

イワシは骨を取るといっても指でしごいて身と骨をはがすから、骨ばかりになって身がつかない。だから梅煮にして骨もいっしょにたべた方がおいしいと思う。イワシは好きだから、街で新しいのを見つけると、何はともあれ買ってしまう。頭とワタを取って酢水で洗い、酒と梅干しだけの味でさっと煮てたべるのが一番好きだが、これは身だけをたべる。保存用には昆布を敷いた浅なべに、酒、ほうじ茶、しょうゆを各同量ずつ入れて煮立て、ショウガと梅干しを加え、頭とワタを取って酢洗いしたイワシを並べ入れて、ひたひたの汁がなくなるまでゆっくりと煮る。これは保存食としても、その日の惣菜にも絶品だと思う。もちろん骨まできれいにたべてしまう。

わが家の自慢の一品だ。

こんなたべ方もできることは、若い人にも知っておいてもらわなければ、とよく考える。サバイバルに強いことは生活力でもあると私は思っている。

タラコペースト

どこの家庭にも、「目下わが家でブーム」というような料理があるものだ。たとえば、ナスの塩もみにみょうがをまぜた即席の漬物とか、カレーに添える薬味にキュウリの即席ピクルスを使うとか、たて続けに家族の注文に応じて作るうちに、すっかりわが家の料理レパートリーに入ってしまうものがある。

私の「目下わが家でブーム」は、タラコのペーストだ。甘塩の上等な塩タラコをお酒か料理用のワインで洗ってからしごき出し、それを同量のバターと練り合わせるだけだ。バターは室温で程よいやわらかさにしておき、タラコとよくまぜるだけだから別に手はかからない。大体、中くらいの大きさのタラコ一腹にバター四半ポンド、こんな割合でまぜ合わせ、小さな器に小分けして冷蔵している。小分けにするわけは、使うときに、少しやわらかくする方が扱いやすいからで、冷やしたり温めたりすることを避けるためだ。

　このタラコペースト、たとえば塩味のクラッカーにぬってビールのおつまみに、トーストにぬって朝食に、サンドイッチにといろいろに使う。これを作っておいて便利だと思うのはスパゲティを食べるとき。ゆで上がったばかりのスパゲティにのせ、溶かしながらまぜればタラコスパゲティが即座にできる。

　それに、にんにくのすりおろし、パセリのみじんなど、いつも小分けして冷凍してあるので、好きなものを冷凍のまま少しずつのせる。もちろん粉チーズも。

　そうそう、今は庭に青ジソがいっぱい出ているので、青ジソのせん切りをたっぷりのせたりもする。タラコペーストがあるために、スパゲティが食べたくなる。太るぞと思いながらまた食べてしまう。

　このタラコペーストは、亡くなった谷川徹三先生に教えていただいたもの。奥さまが亡くなられてから、先生がよく召し上がっていた。私がこの味を思い出して「目下ブーム」にしたのは、いいタラコをいただいたのがきっかけだった。

キャベツのおいしい食べ方

以前ラジオの番組で、いろいろなお店の料理長さんにお話を聞き歩くという企画があり、インタビュアーをしたことがある。何年もたっているのに、突然、そのとき聞いた話を思い出すことがよくある。

有機栽培で野菜作りをしている知人からキャベツが一箱届いた。大ぶりのキャベツが六個入っていたので、一人暮らしの私は、まず、その中の二個をザウアークラウトにしておくことにして刻み始めた。キャベツを見て、とっさに思い出したのが、さるドイツ料理店のコック長さんに聞いた話だったのだ。

「ザウアークラウトにするキャベツは、霜にあたってからのキャベツが柔らかでいい。塩は決して多くしないように。重しを強めにして漬けるのが最初の注意。材料選びから覚えるのです」

実際にその作り方を見せてくれながらの話だったが、キャベツを洗う手が千切れそうに冷たくつらかったと、ドイツでの修業時代の話もしてくれた。ちょっと酸味の出てきたキャベツとソーセージの煮込みや、少量をサラダに混ぜたりしてもおいしいと教えてもらった。ポテトサラダに塩もみキャベツを少量混ぜるのを私の工夫した味だと自慢にしているが、その話から得たヒントである。

ついでに、もう一つキャベツのおいしい食べ方を。トリの手羽先をたっぷり使ってスープをとり、一晩おいて、上に脂が固まって浮くのをすくいとる。このスープとトリを使って、ポキポキと手で千切ったキャベツを柔らかく煮込む。ネギの青み、ヒネショウガ、香草などを糸で結び、一緒に入れ、煮上がったら取り出す。寒い朝のパンには塩味で、ご飯にはみそ味をつけるといい。もちろん、トリの手羽先はほろほろとくずれる柔らかさ。キャベツは煮返すと臭みが出るので、スープはたくさん作って取り分け、キャベツは一度に食べられる分量を入れて煮込む。ちょっとした手間がおいしいものを食べるコツだともいえる。

じゃがいも料理

北海道の親類から送ってもらっているじゃがいもに、白い芽がたくさん出てしまった。一人では、あまり食べられないのだから、少しずつ買えばいいのだろうが、いつも送ってもらう産地のメイクインがとくにおいしく感じるので、妹と分けて使うことにして一〇キログラムとか二〇キログラムの箱入りを、季節によって選んで送ってもらう。

春も深くなろうとする頃には、一〇キログラム箱でも、ちょっと気を許すと、いためて食べたらおいしそうな、まるでモヤシみたいなきれいな芽が出てきて、早く食べ切ってしまわなければとあせってしまう。

それで考えたのだが、どこの家でも、ひとつの素材についての食べ方というのは、たいてい、数種類に固定してしまっているのではないかということ。ときにレパートリーをひろげなければと思う。

たとえば、今の私がよく作るじゃがいも料理は、コロッケやポテトサラダ、粉ふき、マッシュといったごくふつうの食べ方、それに、カレーやみそ汁、あるいは肉じゃがのようなもののくり返しだ。それも、毎日じゃがいもではあきてしまう。

もう少し若いときは、チーズとうす切りポテトの重ね焼きだの、ポテトフライ、ベーコンとのいためもの、冷たいクリームスープなどもよく作ったが、カロリーが高いし、好きだからどうしても食べ過ぎるのであまり作らなくなった。食生活の幅がせまくなったのだ。

それでも早く食べなければいけないと思って、以前に作っていたものを思い出し、しばらく食べなかったサラダを作ってみた。油ものをよく食べた頃には、ざっといためたじゃがいもに冷たいフレンチソースをかけて作ったが、ひと工夫を加えた。

じゃがいもをせん切りにして水にさらし、それをザルにとって、そのまま煮立ったお湯の中で振り洗いし、熱が通ってじゃがいもが透明になったのを限度に引き上げて水をかける。夏みかんの実をこまかくほぐし、ちょっとつぶして塩とサラダ油を加え、これでじゃがいもをあえて盛りつけ、あり合わせのパセリかセロリの葉のみじん切りをふりかけるだけ。量も味かげんも好みで自由にする。

じゃがいもは、シャリシャリとした歯ごたえを残しておかないと、私にはおいしく感じられないので、熱湯で洗うときだけは、目を離さず頃合いに注意するが、あとはそのときの都合や、からだの調子で適当でいい。

この料理、まあサラダと名づけていいと思うが、同じポテトサラダながら、マヨネーズであえたサラダとは全くちがう味わいなので、生野菜のサラダのような感じで食べられて私は好きだ。

どこの家庭にも、年齢や家族構成の変化で忘れられていた料理はあると思う。思い出して食卓に出してみると、家族も「おや、お久しぶり」という気持ちで、おいしく食べるかもしれないし、一人暮らしなら、当分は、毎日作って食べたくなるかもしれない。私も、ときどき作ろうと思った。

料理レパートリーも、年齢と共に乏しくなるのは仕方がないかもしれないが、からだの自由な限りは、面倒でも、食べることには積極的になったほうが健康でいられると思う。それには、ある程度の訓練もなければできないと思うので、男女にかかわらず、老い支度の中には必ず、食べることに手をかけるのを楽しみにできるように、自分で自分を教育していく努力が必要だと思う。本当に楽しむためには、食べ物を扱う知識や技術もなければ困るだろうし、人まかせでは満足できないことを知るだろう。

　私の夫は自分では何もしないで「料理は批評家が作るもので、食べる人間からの反響がなかったら、作る人間は張り合いをなくして進歩はないものだ」などといばっていたが、もし一人残ったら悲劇であったと思う。口うるさく、いばっているじいさんに、誰が「ごもっとも」とサービスしてくれるかしら、と、私はよく憎まれ口をたたいたが、その点、若いときから料理を楽しんできた自分を本当によかったと思っている。

　そして、夫よりあとに残ったことは、夫に対しての私の気がかりがなくて済んだことでもある。せいぜい残された持ち時間を、おいしいものを自分のために作って食べよう。

ポテトサラダ

ポテトサラダは家々によって味がちがうが、それが当然で、このごろ私の作るわが家のサラダが、毎回ちがった味になる。面白がって材料をいろいろ変えてみるからだ。友達の家で食べたポテトサラダがなかなかおいしかったので、何が入っているのかきくと、玉ねぎとキャベツの酢漬けが隠し味に入れてある、と教えてくれた。なるほど私も水にさらした玉ねぎと塩もみキャベツを入れて作ったことはあるが、さらにそれを酢漬けにしておいてまぜるのは、味が締まっていいだろう、と納得した。こんな、ちょっとしたことが味の秘密というのかもしれない。

私のポテトサラダ放浪は、有名なドイツ料理の店でポテトサラダを買ってみたことからであった。ソーセージを買ったついでに、そばに並べてあったポテトサラダを買って帰った。そのサラダがおいしかったので、あんな味のサラダを作りたいと思って始めたのだ。

まず、マヨネーズの味つけが私の作るものより酸味が濃いし、ポテトだけなのに全体がいい味わいなのだ。まさか、そのドイツ料理の店へききにいくわけにもいかないので、目下まだ研究中だが、それがプロの味というのか、私にはあの味が出せない。

私は作りおきのピクルスとりんごを必ず入れて作るが、キャベツの塩もみとかあり合わせが冷蔵庫にあれば、オリーブやあまり甘みの強くない奈良漬けなどもみじんに刻んで入れる。じゃがいもの丸ゆでは熱いうちに切って、レモン汁と塩をふりかけて下味をつけておくが、多くの種類の野菜が食べたいから、にんじんも入れることがある。

だれに頼まれたわけでもないし、だれに食べさせようというのでもないから、毎回、あれこれ工夫したり試したりして、結果としては自分が一番おいしいと思う味に定着させたいのだ。ポテトサラダひとつでも、取り組んでみると、手作りの味の意味がよくわかってくる。

ポテトサラダにこだわるのは、ある年齢を越すと、生野菜のサラダは食べにくくなるし、温野菜のサラダは作りおきがおいしく食べられない。その点、ポテトサラダは、りんごやキュウリ、その他卵やハムなどをとり合わせていっぺんに食べられるし、冷蔵庫に保存すれば酢味の関係か二日や三日は味も変わらない。栄養のバランスも無理なくとれるので、私は、家族と共に暮らしていたときから、よく作りおきしていた。

甘いものをよく食べた姑は、ポテトサラダにむしドリを割いたものと生のパイナップルをこまかく刻んでまぜたものを、とくに喜んだ。おかずにも甘みのあるものは必ず入れるようにしていたが、サラダも、フルーツサラダをデザート代わりにしていた。ヨーグルトにハチミツを加えてりんごをあえたり、マヨネーズにもハチミツをまぜて、あまりおいしくないモモやナシに当たったときはサラダにしたが、ポテトサラダにも、くだものを入れると喜んでいた。パイン缶詰のこまかく切ってあるものなども、意外にポテトサラダとよく合うが、そういう甘みが多いときは、マッシュポテトにマヨネーズを合わせ、これで包みこむようにする。

私自身も、そんなポテトサラダをサンドイッチにしてみたり、塩味のビスケットにのせて食べたりもする。軽いお昼にもなるので年をとったら、ポテトサラダはとてもいいと思う。

マヨネーズとハチミツを合わせた味をおぼえたのは、姑のお伴でカナダの知人を訪ねたとき。三週間ほどそこで遊ばせてもらったが、日本人がまだ珍しがられた頃で、ヴィクトリアのテレビにも引っぱり出されたりした。

毎日のように、パーティに招かれ、簡単なティーパーティのあり方を私は学んだ。あるお宅でおいしいフルーツサラダを食べさせてもらったので、作り方をきいたら、マヨネーズにハチミツを入れてある、と教えてくれた。日本に帰ってから分量を工夫してみたが、くだものには、マヨネーズをカップ一に、大さじ二くらいのハチミツの量が一番いい味のようだった。

このごろ、私はさつまいもだけをサラダに使うこともおぼえた。東京駅の新幹線ホームにある売店で、一人前に程よい量の料理を売っているが、おべんとうに、いろいろ選んで列車の中で食べたときにおぼえた味だった。

さつまいもも、スイートポテトサラダとして、姑に食べさせてやりたかった味である。

麦わらいさき

たべものの旬をあらわす言葉として、たとえば「桜鯛」は誰もが知っていると思っていたが、これにも地域差のあることを、私は最近になってやっと理解できた。桜鯛が瀬戸内の鯛であること、そのあたりの桜の季節になると、ちょうど産卵期を迎えて桜色に染まった真鯛がおいしくなることを、生活の中でおぼえた人たちが、語りついできたことなのだろう。

伊予の宇和島で生れ育って八十年余の知人から、私は、「桜鯛」とか「筍鯵」、「麦わらいさき」などという出合いものの味を教えてもらったが、日本の南から北に移る桜の季節は、ほぼ一カ月というのが毎年の例だから、シュンの地域差は当然ある。今度、こういう出合いものの地域差を、あちこち訪ねあるいてきき書きをとりたいと思う。でも、季節感と結びつかないこのごろ、それを知る人もいなくなってしまったかもしれない。

それはそれとして、私には「麦わらいさき」という言葉が、いつも季節の献立のヒントになってきた。麦秋の頃になると、

「そうだ、いさきをたべよう」

と思いだす。東京に住んでいても、その季節に市場に出かけていくと、イキのいい、いさきに出会えることもあり、そんなときは、ちょっと大きめのものを選んで、夫の郷里の料理である「さつま」を作ったりした。いさきは鯛のように骨や頭で汁を作っておいしく、刺身もおいしい。塩焼きにすることが一番多いが、一尾付けより大きい方がおいしいので、二枚におろして片身は刺身に、骨付きは遠火で焼いて身をほぐし、骨や頭でだしをとる。ほぐし身をすりつぶし、なべぶたに塗って火にあぶった白みそをまぜ、だしでゆるめながら、とろりとした状態にすりのばす。熱いごはんに刺身を少しのせ、その上にすり身汁をかけ、薬味には針のように刻んだ夏みかんの皮をパラリと散らす。

本来は、ごちそうなので鯛で作るそうだが、おそうざいには、糸よりとか鯵とか、白身のイキのいい魚なら何でもいい、と私は土地の人に教えてもらった。「鯵さつ

ま」と呼んで、鰺で作ることも教えてもらったが、夫は少年の頃にしばらく下宿していた宇和島の思い出と共に、なつかしい味がするといっていた。

鰺を使ってこのさつまを作っておき、こんにゃくのうす切りを刺身代りに、キュウリのせん切りと共にごはんにのせ、鰺さつまをかけてたべるのが、おそうざいのうちではごちそうであったとか。

要するに、すり身汁が「さつま」で「鰺さつま」「うりさつま」などと呼んでいたときいたが、私は、それほど好きなものではない。味は申し分なくいいのだが、ごはんの上に、かけてたべるより、別にたべる方が好ましいのだ。私には思い出に結びつかないためかもしれない。

しかし、こんな料理を何かにつけて作ろうとしたのは、やはり「夫のために」という気持ちがあったのだろうか。とんと忘れているこのごろであった。ただ、麦秋と結びつけておぼえたいさきは、今年も塩焼きにしてその季節に一人でたべた。

すいとん

戦争という文字や言葉が、やたら目や耳に入ってくるせいか、日本の戦時中の食べ物をいろいろ思い出した。顔の映りそうな水っぽい雑炊とか、お芋の中にご飯粒が交じっているような芋がゆ、すいとんなどがまず頭に浮かんだ。今はぜいたくに、スープをおいしくとって卵やハムや香菜を使って雑炊を作ったり、牛乳がゆにサツマ芋を散らす程度の芋がゆを楽しんで食べているが、戦争中は何でも食べられれば満足していたっけと思った。

あのころの常食のようなものだったすいとんは、ふっつりと作らなくなった。庭に植えたサツマ芋やカボチャのつるを入れて、だしも使えず、トウモロコシと小麦の粉を交ぜてだんごにした「すいとん」は、実にまずかった。まともな食事ができる時代がきたら、絶対に食べるものかと心に決めていたので、忘れようとしていた食べ物である。

ひょいと思い付いて、すいとんを作って食べてみた。トリのガラでスープをとり、ちょうどわが家のお雑煮のときのようにコンブのダシと半々にして、トリ肉、たんざく切りの大根とニンジン、生シイタケ、それに有り合わせのカマボコを少し、あとはセリをたっぷり青みに用意。小麦粉は早めに水で練っておいて、セリだけは別にして材料をみんな入れ、しょうゆで味付けしたスープの煮立った中に、テーブルスプーンをぬらしては練った小麦粉をすくい、ポトンポトンと落として、中までよく火が通ったところでセリを加えた。もちろん、おいしかった。ちょうど来ていた妹に食べさせたら、「戦争中だって、これだけ材料が使えたらすいとんだっておいしかったのよね」と言った。

ハンガリー料理に、パプリカ入りのトリのシチューに、牛乳で練ったすいとん風のものを添えて食べさせてもらったことがあるが、今度は牛乳で小麦粉を練ってすいとんを作ってみようかと妹と話し合った。お宅でもすいとん、召し上がってみませんか。

初秋のすてきな一品

初秋の食材といえば、そうざい向きにはまず里いも、さつまいも、なす、新ごぼうや新ばすなどが代表的。秋野菜が豊富に出廻るし、キャベツやピーマンなどは寒い地方のものが出廻り、おいしいときでもある。

それはくだものも同じで、六月の終わりにもう梨が出てきたりして、ハウスものなどで早々味わってしまうと、もう秋になったかと、暑さの中で戸惑ってしまうようなときがある。すっかり季節感がくるってしまった。

それでも、青いりんごや、本当の梨畑からきた、という感じの長十郎や丹波栗が店に並ぶと、いよいよ秋のおとずれを思う。ぶどうも地方に残る野生の味に会えるとき。

私の父の出身地が北海道の余市《よいち》で、いまの余市は巨峰のようなみごとなぶどうがたくさん出荷されているが、昔からあったナイアガラという名の香り高い青ぶどうが私は大好き。いまも少しは作られているが、いたみが早いので、東京などへの出荷は無理だそうだ。それに安い。でも私は、一房ずつていねいに古新聞に包んで、クール便で送ってもらうナイアガラを本当においしい、初秋のくだものだと思う。

魚も、時期を問わない出廻りだから、さんまも鯖《さば》も、かますや鯵も、秋がきたぞとことさら食卓にのせる気もしないが、それでも、青ゆずを見れば、ああ、さんまの季節だと思うので、さんまの塩焼きが食べたくなる。イキのいいものしか使わないおすし屋さんで、さんまや鯖の握りをすすめるのもこの時期だろうか。

鯖もそろそろおいしくなっているころだが、〆め鯖やバッテラ作りを家でなさる方は、脂ののる十月を待った方がいい。

私は酢〆めにした鯖をそぎ切りにし、もう一度酢洗いしてから、針しょうがといっしょに酢めしにまぜ込んで食べる鯖ずしも好きで、それには、まだ脂の少ない九月ごろの鯖の方がおいしい気がする。

この季節にしかない小さな里いもは、このごろは家庭ではほとんど使われないようだが、皮をむくのが面倒だということのようだ。

でも、これを丸のままゆでて、一カ所丸く皮を切り取って上向けに並べて盛りつけ、おいもの白い地が出たところにごま塩をふっておくと、なかなかおいしいもの。きぬかつぎ、と呼んで、子供のおやつに私たちは食べた。皮を下からつまめば、つるりと口に入る。

小さな里いもは、ゆでてから皮をむけば、手もかゆくならず、気軽に扱える。つるんと皮のむけた小いもを、味つけしただしを煮立てた中で一煮立ちさせ、すぐ火をとめて味を含ませ、盛りつけてから、青ゆずの皮のすりおろしを散らすと、すてきな秋の一品である。

柿料理

お向かいのお宅が農家であったころ、庭に大きな柿の木があり、実が熟《う》れると、枝についたままの柿を束ねて、ひと抱えほど持ってきてくれた。昔のままのごまのたくさん入った柿で、味の濃い、いまではめったにああいうおいしい柿にはおめにかかれない。

私の家にも二本の柿の木がある。だれかが食べかけの柿をうちの庭に放り込んでいった、その種子から出たもので、一本はベランダのすぐわきに、もう一本は少し離れた敷石の間から芽を出していた。歯形のついた柿を見つけたのは庭掃除のときで、何げなくそばにあった小さなシャベルで穴を掘り、柿を土にうずめておいたのが芽を出したのだった。大雨にでも流されて、ベランダわきと敷石の間に落ち着いた二つの種子が芽を出したようだ。

一本は日当たりのいい斜面に移してやったが、ベランダわきの芽はそのままにしておいたら、屋根の下に枝を伸ばし、処置に困るようになったので、毎年小さく切り詰めて、若葉のときだけ天ぷらにして食べる。ふだんは散水用のホースをかけたり、庭掃除の道具を吊るしたり便利に枝を使っている。

もう一本はやっと実がつくようになったが、伸び放題にしておいたら、ひょろひょろと高くなって、そのてっぺんに小さな実をつけるだけなので、眺めているうちに小鳥が食べてしまう。一口かじって渋かったから、うちの庭に放り込んでいったのは子供のしわざであろう。だから私は一度も口にしたことはないが、渋柿だと信じている。

私に限らず、このごろは昔風の小粒の柿や渋柿など、家の庭に実っても、取って食べたり吊るし柿にしたりすることは少なくなったようだ。地方にいっても、遠くからは花のようにきれいに見える熟した柿が、近くへいってみると、鳥もつつかないのか熟れすぎて崩れている風景にもよく出会う。子供の数が少なくなったからか、あるいは、どこへいっても老夫婦だけとか一人暮らしの老人が多いため、実った柿を取る手間がないのだろうか。子供たちのおやつは、庭の柿より冷蔵庫に常備されているケーキや、乳製品の方が好まれているということであろうか。

＊

うちの柿には手を出さないが、私は柿が好きだ。もちろんそのまま食べるのも好きだが、刻んでヨーグルトにまぜたり、フルーツサラダにしたりといろいろ使う。数年前からこっているのは、ある素人料理のお店でおぼえた、かぶと柿のサラダである。かぶを大根に変えたりして、柿の季節じゅうよく食べている。

かぶはごくうすい輪切りにして、パラリと塩をふり、柿もうす切りにしてまぜ合わせ、私流の味のソースで和《あ》えるだけだが、実においしい。酢二、オイル一にして塩、コショウを少し。酢にはうす切りの玉ねぎを少し加えて一晩浸したのを玉ねぎごと使う。量は自由に。盛りつけてから出合いものの食用の菊を彩りに上に散らす。

大根もかぶと同様にするが、これに使うかぶや大根は厚みをそろえたいのでスライサーで切るが、よく味がしみておいしい。

柿料理の中では白和えが一番好きだ。こんにゃくとの取り合わせで作ると、いくらでも食べてしまう。年をとって少しずつ不精になり、手の力も弱ってきて、ごまはあたりごまを使い、ミキサーで和え衣を作るようになったが、それでも、自分の好きなものは、好きな味で食べたい一心で工夫する。おかげで発見もある。白和えにするお豆腐を熱湯の中でほぐし、熱を加えてから使っても、ミキサーという文明の利器のおかげでなめらかな和え衣が作れるので、食中毒の心配をすることもなく、夏など、さやいんげんの白和えを何度も作る。

柿はくだものというより、昔風に水菓子と呼ぶ方がぴったりするようである。酸味のあるくだものを食べなかった私の父も、柿は「水菓子だ」といって好んで食べた。もっとも、これにはわけがある。余市のりんご農家に生まれた父は、東京住まいの私に「柿を送ってくれ」といい、干し柿まで送らせた。

「柿は血圧を下げるのにいいそうだから」

と、友人たちにきいたことを信じてよく食べていた。そのうち柿渋を送れといってきた。

もう何十年も前のことだが、柿渋を飲むとはどうも気になり、父に手紙を書いた。

「まずはお医者に相談してみてからにしてはどうかしら、それよりも深酒をつつしみ、昆布や若布でもたっぷり食べる方が先ではないのかしら」

これには返事がなかった。うるさい娘にはもう頼まないと、別のルートから手に入れたか、医者に話して笑われたか、以来その話にはふれなかった。私も何もいわずに、とうとう父の死まで私たちは柿渋について話をしなかった。

毎年、季節になるとおいしい柿をあちこちから送っていただくが、いつも父に食べさせたいと思う。今年はわが家の柿の葉で、柿の葉ずしでも作ってみようと思う。

きんぴらごぼう

茨城に住む親しい友達から、毎年、秋になると特産のみごとなゴボウを送ってもらう。土つきのまま送られてくるのを、私は、そのまま庭にいけておく。

ひところ、ゴボウは忘れさられた野菜のようにもいわれたが、最近はまた、繊維をとるためにすぐれた野菜だとして脚光をあびている。

ゴボウばかりではない。小魚や、野菜たっぷりのおから炒り、納豆や切り干し大根の煮付け、油揚げと切り昆布の煮物、といった昔の惣菜ものが、貧しい食べものではなく、からだのバランスをとるための望ましい食品として見なおされている。時代おくれのように見られていた戦前の家庭の食卓によくのったものが、「かあさんの味」とか「ふるさと料理」などと名づけられて、デパートの食料品売場にも並んでいる。当然、材料も、ひところ姿を消していたようなものが、またあらわれはじめた。

茨城のゴボウはおいしい。送ってもらうと早速に、〈きんぴら〉〈たたき〉〈いりどり〉〈豚汁〉〈けんちん汁〉〈おから〉〈バラずし〉〈トリめし〉と、毎日のように形を変えては香りのよさをたのしませてもらう。笹がきにして、トリのささ身をそぎ、柳川風に仕立てたり、精進揚げにも忘れることのできない材料のひとつ。

少人数だと、正月すぎても残っていることがある。すっかり食べ切ったと思っていると、春になって、深いところにあった一本が、芽を出してきたりする。この葉を、よもぎにまぜて草餅を作ることもあるが、土にいけたものの香りは生きているので、少々まん中がカスカスになっても、まわりだけ笹がきにして豚汁に入れて食べたりする。

昨年、ふっと「ゴボウの花はどんな姿をしているのだろうか」と思ったら、どうしても見たくなって、葉が伸びるにまかせておいたら、すてきな花を見ることができた。ちょっとアザミに似た、紫色の珍しい花は、来客にも「へえ、これがゴボウの花?」と、話題になった。ささやかでも、土のある暮らしは、いただきものの野菜ひとつも無駄にしないですむし、ときには花までたのしむことができてありがたい。

＊

ゴボウをいただくと、まず私が作るのはきんぴらである。わき役として使うのではなく、ゴボウそのものの料理であるきんぴらは、作る人により、その家庭により、こんなにはっきりと違った形になるものはないように私には思われる。切り方によっても歯あたりは変わってくるし、香りが抜け切ってしまったり、火かげんによってはぼそぼそと繊維だけになってしまうなど、かんたんなようでいて注意力を必要とする料理だと思う。太めのせん切りにして、洗いざらしにした袋入りのゴボウで作ってもきんぴらという料理には違いないが、香りも味のうちであることを忘れたくないし、やっぱり私は、庖丁の背で皮をこそげるところからしなければ、きんぴらゴボウの意味がないように思う。

私のきんぴらゴボウは、若いときにはやや太めのせん切りにしていたが、年とともに細めを好むようになってきた。まず五センチ程のたんざく切りにしてから、やや斜めに庖丁を入れてせん切りにするのは同じだが、そのたんざくが薄切りになり、斜めに入れる庖丁目がこまかくなったのは、夫婦ともども年をとってきたり、姑の食べ方を見ているうちに変わってきたことであった。

切るそばから水に入れ、切り終ったところですぐザルにあげて、時をおかずに炒めはじめる。炒め油は天ぷらの残りでいいが、そこに新しいゴマ油を必ず加え、味つけはみりんとしょうゆ。うす味である。

洗い上げてすぐ炒めるのでやや水分が多いため、味つけまで一気に炒め上げてもゴボウはそれほど身はやせない。仕上げにたっぷりの白の切りゴマと一味唐辛子粉を少量ふり込む。ニンジンは色どりに入れることもあるが、ほとんどゴボウだけで作る。

いつの間にか、わが家の味としてこんなきんぴらゴボウを作ってきたが、よそのお宅でごちそうになると、それはまた別のおいしさがあることを感じる。ときどき、お惣菜の持ちよりパーティをすると、意外な味に接することもあり、よいアイデアはどんどんいただいて、わが家の味をゆたかにしていけばいいと思う。

＊

私の知人に、東京の山の手育ちの父親と下町育ちの母親の子として育った人がいる。両親は全く食生活の違う家庭に育った夫婦で、いつも父親は、おかずが気にいらない、といっていたとか。母親は、「作るのはお母さんだもの、自分が嫌いなものは作らないわよね」といっては笑っていたそうである。それでも父親の好みに歩み寄った母親の努力が食卓に反映したのであろう。私の知人が、自分の家庭をもってから作っている食事の幅は、母親の教えてくれたものからさっぱり広がっていないという。

たとえばある日の献立をきくと、朝食にはオートミールとカリカリに焼いたベーコンと半熟卵、グリーンサラダにトースト、コーヒーという、ホテルの朝食みたいな形だが、家族におべんとうを持たせて一人の昼食は、ヨーグルトとチャーハン。そして夕食は、豆腐とわかめのみそ汁に丸干しいわし、いりどりに小松菜のおひたし、白菜のお漬物、という純和風。こういう和風の献立には、おろし大根と白すぼし、きんぴらゴボウは常備菜としていつも作ってあるので、たいてい食卓に出すという。

ある一日の献立に、和洋が混然と入りまじっているのは、育ちのせいなのかもしれない。御主人は、台所のことには一切口出しをしないそうで、主婦である私の知人の作るものを何でも満足して食べてくれるのだそうである。

いつも常備してあるというきんぴらゴボウを、私は知人に所望したことがある。喜んで作ってくれたそれは、太めのせん切りで、濃いめの味付けがしてあり、やわらかくできていた。唐辛子はぐっときいていて、ごはんのおかずにはちょうどよいと思う味付けであった。常備菜だから、おべんとうに少しつけ合わせたりもする。味付けはそれ向きにしてあるのだろう。

「私の母は大きい笹がきにして、トリのひき肉といっしょに炒めたそぼろきんぴらをよく作ってくれたわ。父はこのきんぴらゴボウの方を好んだようで、私は両方好きだけれど、きんぴらゴボウとなると、せん切りの方が似合う感じで私はこれを作るのよ」

と話していた。

きんぴらゴボウひとつを例にとっても、台所を受けもつ人の身につけた好みや習慣が、家族にあたえる影響は大きいものだと考えさせられる。

＊

先日、信州へ旅行したとき、宿の売店で私は小さな一冊の本に出会った。何げなく手にとってみたのは、「なでしこ」の題名のわきに、――母から娘へ――の副題がついていたからで、内容を読むと、母が娘のために書いた家庭生活一般の心得が、ぎっしりと詰めこまれているものだった。

漬けものの塩かげんから魚の煮方、新しい土鍋の使い方といったことから国旗のかかげ方、冠婚葬祭や人生の行事のとり仕切り方等々、日常、非日常を問わず、何か困ったときにはこのノートを見ればわかるようにと、母の思いをこめた娘への贈りものであった。娘が嫁ぐ日のために、折にふれてはノートに書き込んだものを、筆者の諒解を得て印刷したものだそうであった。

私がこの本に感動したのは、どこの家庭にもあるその家の習慣とかしきたりを、とにもかくにもわが子に伝えようとした母親の努力で、娘がそれを受けついでいくかどうかは別として、伝える努力を惜しまなかった見事さである。

それは食事のことだけをとってもいい。たとえばきんぴらゴボウの作り方のようなものは、その家独特の好みを、ていねいに伝えていきたいと思う。「お母さんのきんぴらゴボウは日本一」とか、「ママのおすしは誰にもまねができない」と家族にいわれるものがあれば、味つけのコツ、材料えらびやその配合の程のよさなどを、伝えておいてほしい。

娘でなくてもいい。息子が母親の料理を愛して受けついでもいい。あるいは息子の連れ合いにでも、せっかく身につけたものは、無形のものであればいっそう、継承していきたいとも思う。それがわが家の食文化といえるものではないかと思う。

鉄火みそ

日本人の食事は脂肪と塩分のとりすぎだという発表があったが、以前に比べたら、ずっと少なくなっているのは塩分だと思う。脂肪の方は確かにとりすぎかもしれないが、やはり油や塩があってこそ、ものはおいしい場合が多いから、あまり気をつけすぎると、かえって欲求不満がつのり、えいっと思って食べすぎることもある。

私も、料理はできるだけうす味にと心がけているし、好みとしても塩からいものには弱い。けれども、おいしい炊きたてのごはんを食べるとき、何かピリッと塩味のしまったものがほしいと思うこともある。

昨日もそうだった。きんぴらごぼうを作るためのゴボウを買ってきたが、その一本を残し、「そうだ、あれを作っておこう」と考えた。鉄火みそである。

保存食に私はたいていい一品か二品のみそ料理を冷蔵庫に入れてあるが、今あるのはトリみそとピーナツみそだ。今日はもう一品、鉄火みそを作りたくなった。ゴボウを刻んでいるときの香りにさそわれたようだ。

私の「鉄火みそ」は、みじん切りにしたゴボウ、ニンジン、レンコンを入れたもので、材料の量はあり合わせを自由に使うが、守るのはみそと同量にすること。油はゴマ油をたっぷりと使う。つまり、油と塩分たっぷりのおいしい保存食である。

野菜類を気長によくいためてからみそを入れ、またしっかりと熱を加え、砂糖とみりんで好みの味に仕上げる。最後にヒネショウガのしぼり汁と、煎《い》った白ゴマも加えておく。冷蔵庫に保存すると、随分長持ちするので、忘れたころに「そうそう」と、ちょっと一口ごはんのおかずにして、ああおいしかった、というような食べ方もする。よそのお宅を訪ねるときの手みやげにもいい。

健康に悪いと禁じられても、どうしても食べたくなるようなこともあるのが、ごはんによく合うおかずだと思う。

ゴボウチップス・クワイのから揚げ・天神さんの味

「ビールのおつまみに、どうでしょうか」

と、ゴボウのチップスを持ってきてくれた人がいる。自分でもよくビールを飲む女性。野菜やくだものを揚げて、お茶うけにも酒のつまみにもなる味つけの袋菓子もたくさん出ていて、最近、とみに人気があるようだから、そういう中から選んで買ってきてくれたのかと思ったら、自分で作ってきたのだという。料理をつくる話はめったにきいたことがないし、私には初めてのものだったので、興味しんしん、早速いただいてみた。

「あら、おいしいじゃない」

きんぴらゴボウほどに切ったゴボウをカリカリに揚げて、ほのかな塩味をつけてある。全くおせじ抜きで「おいしい」と思った。とくに、カリッと揚がっている歯ざわりと、噛みくだいて飲みこむときに、ほんのりと立つゴボウの香りが何ともよかった。

「飲み屋のママに教えてもらったの。ポリポリと食べられて、繊維も気にならないでしょう？　きんぴらゴボウにすると、おいしいけどつい味が濃くなるし。母にも教えたら、父に塩分を少なくして、こういうもの食べさせたいと思っていたので、助かったわといわれました」

私にも、塩味少なめに、せいぜい繊維をとるように、という意味で持ってきてくれたのかと感謝した。

誰がはじめた料理というものでもないけど、こういう味は、意外にお酒のつまみとして工夫されることが多いようだ。私も、夫といっしょに出入りしていた飲み屋でおぼえた、おいしい酒のつまみを、いくつか自分のレパートリーにしている。そのひとつは、クワイのから揚げだ。

さる小料理屋で味わって、それ以来、わが家の自慢料理のひとつにしている。煮物にならないようなくずクワイを買ってきて、よく洗ったあと、丸いまま芽もつけてから揚げにする。揚げたてを、しょうゆと酒半々に合わせたつけ汁に浸してでき上がり。七味唐辛子をふりかけて食べる、くわいせんべいとは一味ちがう。小さなクワイを見かけたら、どなたにもおすすめしたい珍味だ。

どうも年をとると、酒のさかなに向くような、ごく単純な調理ですむものがおいしくなる。自分で作るのも簡単だから、こういう料理はなるべく数多く知っていたほうがいい。それには、比較的若いときから、作ることを楽しみにしたい。


珍味といえば、もうひとつ、こんな味を思い出した。

梅干しのタネの中の天神さんの味である。

幼い頃、歯が丈夫だったのか、梅干しのタネをかみ割って、中から出てきた天神さんを食べようとしたら、大人たちに、天神さんを食べるとバチが当たるからやめなさいとしかられた覚えがある。怖いから、以後は決してかみ割ることをしなかったが、これを珍味だと教えてくれたのは、夫の伯母であった。

昭和二十年代、まだ日本全国食べ物不足で、ろくなものを食べていなかった頃だった。ある日、夫の酒のさかなにしてごらんなさいと、小さなふたものに入れた天神さんを二十粒ほどもらった。伯母は「わさびじょうゆか、生姜じょうゆで食べるとおいしいけどね」といった。やはりトンカチでたたき割ったようだった。夫は珍味だと喜んだので、捨てるしかなかった梅干しのタネを集めておいては酒のさかなを作った。私も好きになり、ときには梅をほぐしてタネを取ったりした。

最近になって、何かの折にこの味を思い出し、クルミ割りで梅干しのタネを割ってみた。中から出てきたのは、昔懐かしい天神さん。食べてみたら、そうそう、この味、この香りだったと数十年をへだててもはっきり思い出すことができた。せっかく割っても、中の天神さんがしなびていてガッカリさせられたこともあったと、小さなことまで思い出した。こういう手間ひまかけた味など、このごろは忘れられていよう。でも食べさせたら涙をこぼす人もいるかもしれない。

さらにもうひとつ。

お仲間とどこかへ旅をしたとき、もしもムカゴを見たら買って帰るといい。山道などに自然にはえている山の芋のつるについている小さな芋。とってくるのもいい。塩いりにして、酒のさかなに。ちょっとエグ味があるが、私はムカゴごはんも作る。

百合根きんとん

このところ、私は百合根きんとん作りにこっている。ご近所から、たくさんの百合根をいただいたので、何とかしてこの貴重品をおいしく食べたいと考えたが、あまりにも見事な鱗茎《りんけい》を見ているうちに、急に意欲をかきたてられて、きんとん作りにはげみだしたのだった。

きんとんを作ろうと思ったのは、ときたま数人の友達と食事に行く懐石料理の料亭で、食後のおうすに添えて出してくれる山芋や百合根のきんとんが、とびきりおいしいことに感激してしまうので、よし、あのまねをしてみようと思いたったわけである。

仕事を放り出して、ひとひらずつに鱗茎をはがし、ちょっとした傷やよごれも庖丁でこそげとり、目ざるいっぱいの洗い上げた根を、酢を落とした熱湯に入れてざっとゆでこぼし、新たに熱湯を張ったなべに入れてゆっくりと白煮にする。強く煮たてると煮くずれしてしまうので、注意しながらやわらかくなるまで煮て、熱いうちに裏ごしにかけてしまう。甘みはみりんと水あめ、練りあげるといい艶も出る。水あめを使うとねっとりとして、きんとんの感じが出る。茶きんしぼりでお茶菓子にもできる。小鉢に盛って、小さな黒うるしのスプーンを添え、おうすをたてて添えてみたらいい雰囲気でうれしかった。

百合根をくださった若い奥さんに、こんなものを作ってみたので、とすすめたら「あら、こういう味なんですか。実は私、食べたことないのでどうしようかと困っていましたの。これなら子供も食べますね。主人だって」と、喜んでくださった。あんまりたくさん頂だいしてしまって申しわけなかったと思ったが、返すというのもおかしくて、きんとん作りにはげんでは、近所の友達に届けたりしている。

ただ、何度作っても私の好きなあの料亭のきんとんの味は出せない。技術と工夫のつみ重ねがものをいう味だと思うと、急の思いつきでまねしてみてもできないのは当然と、謙虚になれてよかった。

食用に買った百合根の芯を土にいけておくので毎年、夏は百合を見るたのしみがある。

ほうろくむし

冬になると、一度はたべたくなる料理がある。「ほうろくむし」である。「焙烙」と書いたが、今はこの字も常用漢字にない字だ。素焼きの、淡くくすんだオレンジ色のような色あいのほうろくを「かわらけ」（土器）と呼んでいた人もあった。

「ほうろくむしがたべたいな」

といったら、若いおいが「それ何？」ときいた。ほうろくが通じなかった。ぎんなんを煎ったり、豆類を煎る、とくに生のからつき落花生を煎るときなど、これがなければならなかった。わが家の台所でほうろくを使っていたのは、それほどむかしのことでなかったのに、物置きをさがしても、姿は見えなくなっている。

ほうろくむしは、別府のさる料亭ではじめてたべて感激した料理だった。同じ形のほうろく二枚を使い、ひとつには小石を敷きつめて塩をたっぷりのせ、その上に白身の魚やエビ、蛤、カキ、緑の新ぎんなんの松葉ざし、生しいたけ等々を盛り合わせて酒をふりかけ、もうひとつのほうろくをかぶせて、上下の合わせ目を和紙で目張りをして、むし焼きにしたものであった。なかなかの演出効果もあり、材料さえよければこんなおいしい、間違いのない料理はない。ポン酢だの、柚子しょうゆだのと、薬味や調味料を工夫し、私もこのほうろくむしをまねて家族にたべさせていた。

こんな料理に使うと、どうしても洗いたくなる。素焼きの器は水を吸いこんだらなかなか乾かないので、うっかり火にかけて割ってしまったり、扱いが悪くて、ふちが欠けてしまったりで、たびたび買いかえて使っていた。何しろ、重いし場所もとるので、多くを用意しておけるものでもなく、いつの間にか近所の店ではその姿を見なくなってから、わが家の「ほうろくむし」も食卓にのぼらなくなってしまった。

幼い頃、私は祖母からよく、

「台所から、かわらけを持っておいで」

といわれた。祖母はいつも長火鉢を前に、きせるでタバコをのんでいた。私がほうろくを運んでいくと、傍の缶から小さく切ったお餅を出して、ほうろくで気長に煎っていた。火箸でかきまぜる音が、うす甘いあられをもらえる期待で、とてもいい音にきこえた。祖母のすわっているまわりから、魔法のようにいろいろなたべものが出てくるのと、ほうろくとのつながりが忘れられない。

神社の神饌《しんせん》などには今もかわらけが使われているのを見るが、私たちがふだん台所で使っていたのは、およそ二十センチほどの直径で、厚みは一センチ以上はあったと思う。この円型は、今の中皿として使われているものと同じではないかと思うが、何しろ手もとにない。

ほうろくを毎日使っていたのは、戦中戦後の、お米の代りに大豆ばかり配給された頃だった。今ではヘルシー食品といわれる大豆だが、あの頃のような生活は、もう二度と味わいたくない。

でも、煎った大豆一割程度をいっしょに炊きこんだ豆ごはんは、今たべると香ばしくておいしい。

豚汁

初冬のある日久しぶりに豚汁が食べたくなった。念のために、近くに住む友達に電話をしてみた。「豚汁を作ろうと思うけど、今夜はお宅で食事なさる？　だったら予定に入れておいて」

豚汁は少量作ってもおいしくできない。せめて十人前ぐらいは作らないと味が出ない。そこで、まず気のおけない人におすそ分けを予約してから材料をそろえる。それでないと一人暮らしでは残り物を繰り返し食べなければならないはめになる。私は幸いに身近に「食べ仲間」がいるので、たくさん作らなければおいしくないものでも「よしっ」と作ってしまう。

急に豚汁が食べたくなったのは、家族と暮らしていたころ、この季節になると豚汁やケンチン汁をよく食べたことを思い出したのだ。新しい里芋やゴボウの香りが、豚汁やケンチン汁の温かさとともに、冬のおかずのイメージになっていた。家族もこういうものが好きで、喜んで食べていたし、残るほどに作って、翌日は焼いたおもちを入れ、豚汁雑煮にしてもう一度たのしむのが例であった。

どこの家でもそうだと思うが、たとえばスキヤキが残ると、残ったものを使っておからをいるとか、活きガレイを煮た汁でゴボウを煮て付け合わせる、というようなルールができているものだと思う。私のうちでも、豚汁を作ると、その取り合わせにはいつもカマスの一塩干しを焼き、ホウレンソウのおひたしを添えた。酒のさかなには、大根の薄い輪切りに薄塩をふって、しばらく時間をおいてパリパリ食べた。いつとはなしに、豚汁を作るとなると、そんな献立が決まった。

こういうおきまりの食卓の形は、家族共通の思い出を作ることになるであろうし、それが何かの折に家族の心を結ぶものになるのかもしれないと、豚汁を作りながら自分の心の動きを追って考えた。自分の生れ育った家庭、そして自分の作った家庭の「食卓のおきまり」を考えてみたいものだ。

うどんすき

十一月は別名霜月とか霜降月などと呼ばれ、冬の入り口である。私の家の庭には、その時期、つわぶきの花が終わりに近い姿で咲いている。私はこの花が咲くと、さあ、真冬の衣類を用意しなければと、花に教えられる家事にはげむ。このごろはいささか季節が急ぎ足でやってくるようで、花も早めに咲く。でも、早手廻しは後手にまわるよりずっと安心していられる。

ところで、霜月のころは、昼は小春日和《こはるびより》のあたたかさなのに、夕方から急に冷え込むことが多く、夕食はあたたかい鍋ものを、とだれしもが思う。忘れてならないのは、ただ熱いものを食べるだけでは、からだの芯からあたたかくはならないということ。しっかりとタンパク質を食べないと、からだの中からあたたかくはならない。

季節の食材を使っての鍋ものといえば、まず「魚すき」といきたいところだが、これを喜ぶのは年寄りが多いといわれたりするので、子供のいる家庭では肉の入ったものがいいのかもしれない。うどんすき、しゃぶしゃぶなどはどうだろうか。

うす切りのしゃぶしゃぶ用豚肉と、白菜、小松菜、春菊その他、八百屋さんの店先に出ている青いものを取り合わせて、秋大根のおろしをたっぷり添え、かぼすや青ゆずの酢を、香りといっしょに使って食べたいもの。ねぎも新しいのが出ている。

うどんすきは、かつおぶしと昆布でいいだしをとり、うす口しょうゆとみりんでうす味をつけた汁をたっぷり作り、鍋で煮ながら食べる。専門店では魚介類やトリ肉、かまぼこや生ふ、生ゆば、ぎんなんといった、いろいろな材料が使われるが、おそうざい鍋は予算に合わせて、うどんだけは、よく煮込んでもとろけない、太く、しっかりしたものを選ぶ。

しゃぶしゃぶはごまだれもおいしいけれど、大人はおろし大根とかぼす、しょうゆの味が一番。そして鍋の終わりは卵を割り込んだおじやにして、ねぎをふり込み、おいしい漬物があればいうことなし。冬にそなえてのスタミナ料理でもある。

そういえば十一月は酉《とり》の市がある。一年も終わりに近い、鷲《おおとり》神社のお祭り。もとは、鷲神社は武運を守る神様として信仰されていたが、庶民の間では開運の神様になり、商売繁盛、家内安全と、いろいろな願いをきいてくれるようになったようだ。

私は幼いころのいっとき、東京下町に住んだことがあり、浅草のお酉様に連れていかれたことをおぼえている。

縁起ものの熊手を買う人と売る人の、手拍子に耳も目もうばわれて立ちつくしたり、夜店で切り山椒を買ってもらったり、お宮さんに近づきすぎて、お賽銭が頭にぶつかってきたり、といったことしかおぼえていないが、お酉様が近づいてくると、いまも私は「切り山椒」が食べたくなり、買いにいったり、自分で作って食べたりする。季節や行事に結びついた和菓子には、日本の暮らしのこまやかさを感じさせられる。

ゆべし作り

いま、私の家のベランダには、テルテル坊主のような姿のゆべしが五十個ほどさおにつりさげてある。外を通る人の「今年もゆべし作りの季節になったようですね」という声がきこえたりする。冬至に作って立春に取り込む、いつもの私の年中行事をご存じのご近所の方だろうと思う。

友だちから埼玉産のゆずを毎年たっぷりいただくので、楽しみながら作っている。これは、さる茶道の先生から教えていただいたのだが、要するに各地にある郷土の味の丸ゆべしの一種である。菓子風の甘いのもあるが、私が作るのはゆずと八丁みそだけが材料だ。

作り方はまずゆずの実を抜いて柚釜《ゆがま》を作る。八丁みそは酒とみりんを加えて扱いやすいようにゆるめ、それを柚釜に八分目ほど詰め、切り離したふたをして蒸し器に並べ、ゆずが透明な感じになるまで一時間ほど蒸す。これを二日ほどざるに並べて風干しする。まわりの水分がとんで手でさわってもベタベタしないのをたしかめてから一個ずつを和紙に包み、テルテル坊主の要領でひもで結び、頭を下にしてつるす。

もう何年になるか、寒中のわが家の風物詩になって長いため、近くに住む方は、これが私のゆべし作りと知っていらっしゃる。一度テレビで紹介してから、作り方をききにいらっしゃる方もいて、ご自分でも作りはじめた方が何人かおられるようだ。いつか、立派なゆべしを、「こんな感じでよろしいのですか?」と、一個もってきてくださった方もいて、ゆべしを通してのご近所づき合いもはじまっている。

このゆべし、でき上がると、八丁みその色に染まって、外も内側もまっ黒々になる。ときどき、一個か二個、紙を開いてみて、でき具合をたしかめる。庖丁で、薄く切れるほどに乾いたら、取り込んで紙をとり、形を整えて、また一個ずつラップに包み、冷蔵庫に入れておくが、二年くらい置いても香りを保っている。

お茶事の八寸に使われたのを初めていただいたのが縁で教えてもらったが、酒のさかなに絶品だ。でき上がるとあちらこちらに送ったりしてけっこう楽しんでいる。

今年もゆべしがつるしてあるのを、ご近所の方が眺めて通られるのか、「このお宅の冬景色ですね」という声が耳に入ったりする。

　私の仕事机からは、道ゆく人の顔は見えないが、狭い庭だから声はきこえる。もう、長年のことなので、以前、作り方をききにこられた奥さまが今年も作りましたと、商店街で話しかけてくださることもある。

　今年は、ちょっと皮の傷んだゆずがいくつかあったので、ゆべしのほかにゆねりを作ってみた。

　ゆずの皮は四つ割りにして白いフワフワしたところを少し除き、できるだけ薄く刻み、実も、種を外してみじんに刻む。お酒を加えてぐつぐつと煮て、皮がやわらかくなったら目分量で材料の四分の一くらいの量の砂糖を加え、しゃもじでかきまぜながら、こがさないように煮つめていく。かなり煮つまったと思われるとき、好みの量の水あめを加え、水あめが全体にまわったら火を細め、ぶつぶついってきたら火をとめる。

　皮だけで作るという人もいるが、私は実も使う。袋も実も、きれいに溶けてしまうので、皮だけの味より酸味が加わってずっとおいしいと思う。どちらも、パンにつけて貴重なマーマレードとして味わうといいが、皮だけのものは、むしろ、箸《はし》休めとか

お茶うけに合う。
　私がゆねりを覚えたのは四国の宇和島、夫がお世話になっていた先生のお宅で、火鉢のそばの茶道具の中にあったふたものにゆねりが入っていたのを、手のひらにのせてもらってお茶うけにいただいた。それは実も入っている味だった。その味とはちょっと違う、実だくさんのゆねりを私流に作ったわけである。
　ゆべしは冬至に作って立春まで寒干しにしておくが、風ばかりよく吹く年には、早くでき上がることもあるし、反対のこともある。お天気まかせの出来不出来もあって、そこが面白いところだ。

台所の棚おろし

雨や雪の日ばかりでなくても、とくに寒い日や風の強い日には買物に出かけるのがつい面倒になる。うちにあり合わせのもので、何かおいしそうなお料理ができないものかと考えて、保存用の乾物入れなどを調べてみると、かえってその材料で気のきいた献立がたてられることもあるが、そんな形での台所の棚おろしもときにはしたい。

たとえば、たべのこしのとろろ昆布が、ほんの一人前のこっていれば、梅ぼしのタネをぬいてこまかくたたいた梅肉と、とろろ昆布を和え、しょうゆ、けずりがつおを少しふり込むと、即席の酒のさかなが一品でき上る。酒のさかなにしなくても、たとえば漬物鉢の取り合わせにしてもいい。大根、蕪《かぶ》の塩もみを梅肉で和えてもすてき。

とろろ昆布ばかりではなく、高野豆腐がひとつ、かんぴょうがひとにぎり、ひじきやわかめや切干大根がほんの少しずつのこっているとか、奈良漬や塩鮭を、あまり大事にして冷蔵庫の奥にしまい忘れている、ということもある。ときどき台所の食品ストックを点検のつもりで冷蔵庫も戸棚もすっかり戸をあけはなしてみたい。

たとえば塩鮭のかたくなっているものは、ごくうす切りにして玉ねぎのうすい輪切りといっしょに塩味をぬきにしたフレンチソースにつけておくと、なかなかおいしい洋酒のつまみができるしパンのおかずにもなる。奈良漬は、こまかくきざんでいかの足のみじん切りと油いためにし、しょうゆで味をおぎなっていり上げ、熱いごはんやおべんとうのおかずにしてもよろしい。油いための奈良漬には、また別の新しい使いみちや味を発見するきっかけになろう。

高野豆腐のひとつくらいは、みそ汁にでも使うか、あるいは、椎茸、かんぴょう、ひじきなど、みんな少しずつののこりを使って、バラずしなどを作るのもいいもの。こういうお精進のすしはやや甘味をきかせてふだんより濃いめの味にするのがおいしくたべるこつ。若い家庭には乾物はないかもしれないが、これは親と同居の若奥さまへのアドヴァイスでもある。

切干大根は油揚との煮付など自然の甘味が何ともいえずおいしく感じられるが、とり合わせの変化としては一度、わかめといっしょに酢漬にしてみるのも一法。酢〆めの魚といっしょに三杯酢にしたものも、なかなか変った味。二杯酢をだしでうすめたものがよく似合う。

わが家風おせち準備

どこの家庭にも、正月を迎えるための準備には、せまい日本ながらそれぞれのお国ぶりがあるものだと思う。東京のような寄合世帯的都会でくらしていると、お雑煮の作り方ひとつにも、うちでは昔からこういうお雑煮を作ってきたと、向う三軒両隣りが、それぞれにわが家のしきたりを守っているのを見るからである。

たべもの以外にも、いわゆる「春迎え」のしきたりは多い。新春は古い年がなくなって新しい年の誕生を意味する儀礼であったから、年神様を家々に迎えてもてなし、新しい年の豊作を願う儀礼は欠かすことができないものであった。山の村、海辺の村などに、神への祈りに違いがあったのも当然だろう。

私は、こういう正月行事には関心をもっているが、自分の作ってきた家庭には、神棚も仏壇も置かなかった。外交官の息子であった夫は、全く日本のしきたりを知らず、姑もあまり関心がなかったので、私は専ら、たべるものだけに「お正月」を演出、一通りの縁起ものは揃えても、たべないからだんだん省略して、ついにはみんなが好きなものだけを作るようになった。だから準備もかんたんであったが、夫も私も仕事をもっていると、ふだんはゆっくり話をすることもできない友達が訪ねてくるので、それなりにたべるものはたっぷり用意した。お正月でもふるさとに帰らない独身の男性たちには、わが家風の「好きなものだけの正月料理」もたべさせたくて、これもたっぷり作り置きした。

正月の客のいく人かが、

「この家にきてこれをたべると、ああ正月だという気分になる」

といってくれるものが二品ある。これは家族をみんな見送って一人暮らしになった今も、つづけている。ひとつは大根のショウガ巻き、もうひとつはトリとギンナンの酒炒りで、大根は保存食だがトリとギンナンは用意さえしてあれば即席料理といえるものだ。

大根のショウガ巻きは、下館あたりの郷土料理のひとつときいたが、ユズがたくさんとれる地域があるようで、大根とユズの取り合せの方が下館近在ではよく作るともきいている。太い大根を千枚漬けのカブラのようにうすく切り、大きな笊ざるかスダレの上に並べて、三日ほど風干しにする。日に干しても勿論よく、とにかく、しんなりとなるまで干す。これにショウガのせん切りを数本のせ、端からくるくると巻く。巻きせんべいのような形になったショウガ巻きの大根の横腹に、丈夫なもめん糸を通した太針を刺して、二十個くらいずつまとめ、輪にして再び干しておく。天気がつづけば作りはじめから十日間くらいで、シナシナの干し大根になる。これを、赤唐辛子のうすい輪切りや柚子の輪切りと共にやや甘味の濃い三杯酢に漬けこんでおく。三日くらいは漬けた方がおいしいので、正月用には、少くとも二、三週間前から作りはじめなければならない。そのかわり、このショウガ巻きの準備があれば、上戸も下戸も共に喜んでくれる（ただし、入れ歯でしんなりしたものが噛み切れない向きには無理のようだ）。

もうひとつの、トリとギンナンの酒炒りは、トリ肉に酒とショウガ汁、しょうゆをふりかけて下味をつけて冷蔵しておき、ギンナンもうす皮までむいておく。うす皮をむくのにちょっと熱を通すから、むき終ったところで軽く酒塩をふりかけてこれも冷蔵。仕上げはサラダ油でいためてジュッと酒をかけるだけ。好みで一味の唐辛子をふり込むのもいい。トリ肉は一センチ半くらいの角切りにし、軽く片栗粉をまぶして炒り上げる。味付けは塩。

こういうたべものを用意すると、いかにも正月がくるという思いがあって私はたのしくなる。どこの家でも作る正月料理ではないが、わが家の正月料理として、なくてはならないものを何品かもっていると、大掃除やお飾りに手を抜いても、結構、家族たちは満足してくれていたようで、私もどんなにいそがしい中でも、それだけは手を抜くまいとがんばった。

第三章　忙しい時の一服——お菓子とおやつ

お茶のひととき

いつもあわただしさにとりまぎれきっていると、心身ともに疲れはてて、たとえば交通事故とか、注意力が不足になっての火の不始末、こういったこともおこりやすいので、たとえ忙しいときにも、一日のうちのいっときを、ほっとくつろいでお茶をゆっくり飲むくらいのゆとりだけはもつようにつとめたいもの。

もちろん忙しいときの一服です。時間をたっぷりとるというわけにもいきません。さしあたり、一杯の番茶を飲むだけでもよいと思うのです。

むかしは、女が自分のために新しいお茶をいれるなんてことは、それこそ嫁の身にはあり得なかったそうで、嫁が自分の茶碗に一せんをそそいだというそれだけでも離婚の原因になったものだといわれています。お茶好きの私なんか、むかしならすぐに離縁されたでしょう。

今の私たちは、お茶をたのしむくらいは当然の権利、お茶菓子もあったほうがもちろんいいという生きかたができるのですから、「忙しいときの一服」のために、おいしいつまみものも、この際考えておくことにしてはどうでしょうか。

きわめて経済的なお茶の友として、おにぎりなど作っておいてはどうでしょう。どんな食道楽も最後はにぎり飯の味に落ち着くとはよくいわれることですが、道楽とまではいかなくても、このごろのように、お金を出せば何でもある世の中、かえってお茶うけに小さくにぎった焼おむすびなんてものもありがたい味と感じるでしょう。お客さまにも、そんなもてなしがよろこばれるかもしれません。

友人の家でごちそうになった焼おむすびの味が忘れられません。おむすびを香ばしく焼き、味噌を薄くぬりつけてもう一度あぶったものですが、それをいただいたときのおいしかったこと。しょうゆのつけ焼も素敵な味でした。こんなことから、新しいおむすびの味を創作してみたいと思ったこともあります。

夕食だけごはんで、朝はパン、昼は麺類といった食事の習慣のお宅も多いようですが、夕食に、少し余分にごはんを炊いておき、残ったごはんをあと片づけのときににぎっておいて、翌日のお茶の時間に焼おにぎりにすると、表面がほどよくかわいていてアミにつかず便利です。

私はオーブントースターで焼おにぎりを作りますが、とてもうまく焼けます。コンビーフとパセリのみじんをごはんにまぜ、レモンの汁を手につけてにぎったり、同じようにしてハムのこま切れをまぜたごはんをにぎり、アルミ箔に包んで焼いたおむすびなんかもよろしいでしょう。

お茶はほうじ茶に塩をひとつまみ加えたり、昆布茶、ノリ茶など、塩味の薄いものか、香りの高いあられ茶などもおにぎりによく合います。

ときには、インスタントスープなどの利用も。

いずれにしても、お茶のひとときを、忙しければこそ充分にたのしんで味わう工夫をしたいというわけです。私もむかしの女の心が身についているのか、あり合わせですむおむすびに番茶なんかをおすすめしましたが、もっと栄養豊富な飲みものをたのしむのが現代の主婦らしいかもしれません。

あたたかいミルクセーキ、ホットケーキにコーヒー、ミルクティーにマドレーヌやフルーツケーキ、ちょっと奮発して買うのもいいかもしれませんが、手はじめにマフインかスコーンなどを焼いてみてはいかが？　子どものおやつや、夕食のデザートにと、食べ手はいくらでもいるはず。
お菓子そのものより、こんなゆとりを忘れないで毎日過ごそうというわけなのです。

氷出し玉露

夏になるとわが家では、日本茶の消費量がぐっと高くなります。以前は、夏は麦茶か紅茶を急速に冷やしたものばかり飲んでいて、緑茶はほとんど使いませんでした。緑茶の消費量がふえたのは、氷出しのお茶の味を覚えてからです。友達に教えてもらって、最初、玉露《ぎょくろ》の氷出しというのを試してみました。急須《きゅうす》の中に玉露をたっぷり入れ、細かくくだいた氷を急須の口まで入れておきます。氷が溶けるに従い、甘味を含んだ香り高い美しい色の冷茶ができます。それは、何ともいえない美味なのです。

この冷たい玉露の味を覚えてからというもの、夏は仕事机の上に急須を置いて、氷が溶ける頃合を見計らって、少しずつ飲むのが楽しくて仕方なくなり、また、お客さまにも、わが家の冷茶の自慢がしたくて、あらかじめ予定していたお客さまには、約束の時間の数時間前から冷茶を出せるように態勢を整えておきます。

こういうお茶は、どんな器に入れるかを考えるのがまた楽しみになることも知りました。今、私は、自分用には細かいカットの入ったリキュールグラスを使うことにしています。薄い緑の冷たいお茶が、グラスのまわりをぼうっと曇らせて、いかにも涼し気に見えるし、グラス一杯くらいのお茶は、たった一口で飲めてしまうために、かえって一杯のお茶が一瞬で消えてしまう宝物のような感じになります。

はじめにこの氷出し玉露を入れたとき、どの器で飲もうかと、私はさんざん迷いました。色と冷たさも味のうちに入るこういうお茶を、番茶茶碗で飲むのはいかにも味気ないし、コップで飲むのも芸がない。冷茶用のグラスのコップの茶碗もありますが、それに入れては、当たり前すぎる。味わいが消えてしまいそうで気がすすみませんでした。ふっと思いついたのがリキュールグラスでした。氷出し玉露の器に抱くイメージにぴったりとしたのです。

残念なことに、わが家のリキュールグラスはたまたま古道具屋の店先で見つけて買ったハンパ物で、三つしかそろっていません。ですから、お客が二人までなら、このグラスが使えますが、三人になると私は他のグラスを捜さなければならなくなります。そこで、お客用にはカクテルグラスを使おうと思いましたが、カクテルグラスはリキユールグラスの倍くらいの容量があり、何人前もの氷出し玉露を作るとなると、時間もお茶の量もたくさん必要になってきます。つらいところです。

いろいろ考えた末、煎茶を氷出しにして、お茶代も節約するのといっしょに、ふっくらした形の冷茶用ガラス茶碗に、半分ほどそそいで飲むことを覚えました。これなら、何となくぴったりするのです。

器とわが家の冷茶のことを、長々と説明させていただいたのは、ふだん何気なく飲んだり食べたりに使っている食器も、改めて中に盛るものとのつり合いをていねいに考えてみると、面白い発見があることに気がついたからです。

リキュールグラスにお茶を入れて飲むなどというアイデアは、それまでの私には全然なかったものですし、まして、そのグラスと結びつけることで、同じ一杯のお茶が、コップや茶碗に入れるより、一番ありがたく感じられるという事実など、考えてみたこともなかった自分を思うと、毎日の総菜料理を盛る食器をたんねんに選ぶだけでも、わが家の食卓にひどく新鮮な空気がただように違いないと思えてきました。

食生活はきわめて保守的なものですから、一度決めると、私たちは、疑いもはさまず、習慣でそれをくり返しつづけていくことが多いものです。同様に食器も、自分のものと決めた茶碗や小皿は、冬も夏もなく何年でも使いつづけます。もちろんそれがわが家にいるという安定感とも結びついているからこそ、保守的になるのです。しかも、食器の数も限らなければならない狭い住まいであることも、勘定《かんじょう》に入れる必要があります。

けれども、たまにはその保守性を意識的に変えてみる試みもほしいと思います。たとえば、夏の暑い盛りに食欲が落ちたら、お客用として大事にしまってある上等なガラス器などを、家族だけの食卓で使ってみると、驚くほど食卓に鮮度が出るかもしれません。

みそ汁だからと、汗にまみれて、熱いのをお椀で食べることはありません。ときには冷やしみそ汁にするのもよいでしょう。耳つきのスープ皿にでも盛ってみたら、生きゅうりの千切りを散らしてみたいという気も起こります。そういう変化を求める必要があると思うのです。そうした変化の中で、「やっぱり自分の茶碗で食べないと落ち着かない」と思ったり、「みそ汁は夏でも熱いのに限る」と、改めて考えたりすることが、生活のマンネリズムから抜け出す糸口になるのではないでしょうか。

煮りんごをトーストにのせて

焼きりんごというのは、どなたも作られるだろうが、このごろ、煮りんごの味を楽しんでいる。

焼きりんごだと、紅玉のようなしっかりとしていて酸味のあるりんごでないとおいしくないが、煮てしまえばどれも結構おいしく食べられるものだ。

当座のジャムもいい。それも、ほとんど甘味をつけずに、ハチミツ少しとレモン汁を加えて、山ほどパンにのせて食べるのが好きだ。ジャムらしく煮るとカロリーが多すぎる。ジャムとかマーマレードは、たくさんつけて食べるのが好きで、少しぬるなら食べないほうがいいと思う。いちごジャムも、小ぶりのいちごを選んでスプーンでつぶし、たっぷりトーストにのせてからコンデンスミルクを少しかけて食べたりする。本当の生ジャムである。行儀のよい食べ方ではないけれど、まあ、こんなものを食べるのは大体一人の朝食のときだから、大きな口をあけてパクリと食べる。

うす甘い煮りんごジャムは、ダイエット中のお嬢さま方にもおすすめできるかもしれない。太りすぎの私は、できる限り甘いものには手を出すまいと思っているが、食べ物のがまんだけは人生がさびしくなるので、気をつける、という程度にとどめている。

先日も、中高年の奥さま方がお集まりの席で話をしたとき、一人の方が、

「私は今、医者から糖尿病の予防にやせることをすすめられているけれど、一日にみかんは一個とかりんごは四分の一などといろいろ制約されていて、生きていてもつまらなくなってきた」

と話しておられるのをきき、そうだろうなと同情してしまった。常識はずれの食べ方さえしなければ、それほど間違うこともなさそうに思う。

もちろん、食養生ということは、したほうがよいにきまっているが、心とからだは離ればなれではないから、生きていてもつまらないと思うほどに食べたいものをがまんしたり、あまりにも規格通りに栄養計算で食べる食生活をつづけていると、人によっては欲求不満でいらいらしてくる。それが心の病気につながったり、何かと全身に

影響を及ぼすことだって考えられる。

スタイルを気にするあまりダイエットにはげんでいた五十代の女性が、目的を果たしたものの、急に頭全体が白髪になってしまって、今度はそれを気にしてノイローゼになったという例もきいている。まだそれほどの年でもないのに、急に髪がまっ白になったら、黒髪の日本人にはショックだし、染めればいいと割り切れるものではないかもしれない。

やはり、当然のことながら若いときからの食生活がものをいうのだと思う。そうでなくても、せめてそろそろ無理のきかなくなる五十代からの食生活には気くばりを忘れたくない。

つとめて食べたほうがよいもの、さけたほうがよいものを、自分なりに研究しておくことは必要であろう。

私も、年をとるごとに食事の幅がせまくなってきたことを感じている。以前は一日に一度は肉類の何かしらを食べていたが、六十代に入ってからは、それほど肉を食べたいとも思わないので、つい肉を食べない日が多くなった。ハムとかベーコン、ウィンナソーセージといった加工品も、冷蔵庫の常備品ではなくなった。夕食に魚料理さえ食べたくないこともある。何よりも野菜やくだものがよくなった。

けれども、急にスキヤキだのトンカツだのが食べたくなる日もあり、そういう日には、せいぜい食べることにしている。年寄りには肉食はよくないといわれた時期もあるが、脂肪をとりのぞいて適量を食べるのはかえって必要、というのは今では常識化している。とくに豚肉は動物性の食品としては珍しい程ビタミンB_1も多いし、赤身を選んでしゃぶしゃぶ風にしっかりと火を通しておろしなどで食べるとさっぱりと食べられる。せいぜい工夫して、おいしく、栄養バランスも考えて食べたい。

そういえば、うす味で甘煮にしたりんごを、豚のソテーにソースとしてのせて食べるのもおいしい。

タピオカのデザート

幼いとき、私は魚の目を食べるのが好きだった。なぜそうなったのかは、「お魚は目が一番おいしいんだよ。これを食べていると、夜でもよくものが見えるようになるんだとさ」と、母方の祖母に教えられたためかもしれない。祖母の顔はよくおぼえていないのに、魚の目を食べさせてもらったことと、それが薬になるという話はかすかにおぼえている。

でたらめなことを、教えこんだものである。けれども、もしかすると祖母は夜盲症にでもかかって、そう人にいわれていたのかもしれないと、今では私も考えている。栄養のことなど考える知識もなく、好きなものばかり食べていたのだろうから、目の病気にかかることだってあり得たろうし、私に、夜でもよくものが見えるようになるそうだと教えた祖母は、自分が夜になるとものがはっきり見えなくなっていたのかもしれない。

それはともかく、幼い頃、なぜ魚の目が好きだったのかと考えると、あの、独特の歯ざわりのせいであったかもしれないと思う。今は小魚類の塩焼きや、鯛のあら煮などしても、目を食べることはない。

大人になってから、ある先輩にすてきなレストランに連れていってもらったとき、忘れていた幼い日のことを思い出したことがある。当時は、フランス料理とかイタリア料理とか専門の店は少なく、大体は西洋料理の店と総称していたように思う。私など、レストランと名のつくような店には、縁のない暮らしをしていたので、緊張して食べていた。デザートに、プディングのようでいて、変わった味のものが出た。口に入れると、ちょうど魚の目のような形の、丸くてプリッとしたものがたくさんあった。「何でしょうか」と先輩にきいたら、「魚の目じゃないかしら」といった。

魚の目が、あんなおいしいお菓子にもなるのかと、しばらくは先輩の言葉を信じていた。料理を習うようになって、やっとそれがタピオカであることを知った。

タピオカはプディングもおいしいけれど、私はミルクで煮たタピオカに、ココナッミルクとヨーグルトをまぜたソースをかけて食べるのが大好きだ。はじめは青山の中華料理レストランでおぼえたのだが、わが家で食べているのは私流の味になって定着している。

もともと私はタピオカが好きだから、レストランでおぼえた味を再現したくて、あてもない、こうでもないと作ってみた。結局、今は一番手のかからない好きな味を楽しんでいる。

タピオカはこのごろ中国料理材料のところに並べて売っているので、いつも戸惑う。はじめ私は大きなスーパーの製菓材料のコーナーにいって探したが、どうしても見当たらず、デパートの食品売場できいてみたら「中国料理材料のコーナーへどうぞ」といわれた。以前、夫の弟がブラジルからまとめて買ってきてくれたのを使ったり、送ってもらったりしていたので、当然、洋菓子材料と思い込んでいたのだ。

私流タピオカのデザートは、まずタピオカを二倍半の量の水に浸して一晩おく。数時間でいいと思うが、私はゆっくりと水を吸わせる。二倍半では足りないと思えば、もう少し加えてもいい。分量はあまりきっちりとしなくてもいい。つまみ上げて二本の指で押し、シンがなければ牛乳と砂糖を加えて火にかけ、こげつかせないようにゆっくり火を通す。一さじ小皿にとって味見をして、何となくタピオカが歯ごたえのあるブラマンジェみたいになったらでき上がり。

缶詰のココナツミルクをあけ、ヨーグルトと、コアントローかマラスキーノを少し加え、ほんのり甘いくらいにシロップを加える（シロップは水二カップ、砂糖一カップを煮立てて冷やしたものを私はよく作っておく。酢のものに使ったり、冷たいコーヒーや紅茶用にも重宝する）。

タピオカも冷やし、ソースも冷やしておき、適当に合わせて食べるが、私は今この食べ方に凝っている。

古い友達が泊まりがけで遠くから遊びにくるというので、早めにストーブでもたいたほの暖かい部屋で、ひんやりとした舌ざわりのタピオカのデザートを食べながら秋の夜長を楽しむつもり。

切山椒

近くのデパート内の旅行代理店で航空券を買っていたら、地下の食料品売り場からお菓子を焼いているらしい香ばしい香りが上ってきた。おいしそうと思ったら、そのまま帰るわけにはいかなくなり、香りのくる方向を頼りに地下を探した。いくつになっても、食い意地の張った性質はなおらない。尋ねあててみたら、何ということもないパンケーキであったが、焼き立ての魅力に、やっぱり買おうという気になった。名前は「オランダ焼き」としゃれている。

食料品売り場を歩くときの私は、水を得た魚で、あっ、おいしそうな厚揚げがある、珍しくツト入りのナットウがある、そうだ抹茶も買っておこう、などとあれこれ買い込んで、重いものを持つのはやめようと思っているのに、いっぱいに買い込んでしまった。

買いたいな、と思ったけれどやめたのは「切山椒」。早春から春たけなわにかけてのお菓子ばかりが見える中で、切山椒はこの季節にしか作られないところがいい。買うのをやめた理由は、家で手づくりをしてみようと思い立ったからで、家に帰ると早速、白玉粉と上新粉があるのを確かめた。

水で耳たぶくらいのかたさにこねた白玉粉と、熱湯でこねた上新粉を練り合わせ、一口大にちぎり、ぬれぶきんを敷いた蒸し器で、十二、三分蒸す。粉は同量ずつでい い。蒸し上がったらすぐ熱いうちにすり鉢などに取り、好みの量の砂糖を少しずつ加えて、すりこぎでつき混ぜていく。ちょっとさめ加減になったら粉山椒を、これも好みの量だけ加える。半分ずつ紅白にするのもいい。とにかく、滑らかになるまでついて、片栗粉を敷いた板の上で一センチほどに延ばし、拍子木に切る。

何でも買える時代だから、わが家の切山椒をおすすめしたい。こんな簡単なお茶うけを作り、話の合う人とお茶の時間を楽しみたいと思う。

庭に山椒の芽が出ていれば粉山椒ではなく、青い若葉をみじんに刻んでまぜてもいい。

レモンカードのなつかしい味

急に「レモンカード」の味がなつかしくなって作ろうとしたが、レシピをなくしてしまった。

三十年近く前になるが、亡くなられた宮川敏子先生のお宅に通ってお菓子作りを教えていただいたときのものだった。ケーキに塗ったり、ジャムのようにパンケーキにのせてたべたのがおいしくて、姑や夫にもよくたべさせた。特に、年老いてからの姑は、食べる量が少なくなったので、このカロリーたっぷりのレモンカードは、おやつにも、朝のパンにもたっぷりつけてあげた。

レシピをなくしてしまったのは、私も年をとって整理下手になったことと、片付けたものの置き場所を忘れてしまうという、何とも情けない老化現象のせいである。

折よく先日、レモンカードを使う何かの作り方をテレビで放映していたのを、中途から見た。よくわからなかったが、レモンカードの材料表がでたのを、あわてて書き取り、早速試してみた。作り方は何度も手掛けていたので覚えがある。

卵黄三個と全卵三個、砂糖二五〇グラム、レモン搾り汁四分の三カップ。バター一二〇グラムという分量は、用意してみると記憶がよみがえってきて、まずバターを小なべで溶かし始めた手順は、まさに手が覚えていた。卵を溶きほぐして漉《こ》し、砂糖をまぜてとろ火にかけ、熱が通ったところでレモン汁を混ぜ込み、ゆっくりとかきまぜながら、いいとろみのついたころあいをみて、溶かしバターを加える、という作業がよどみなくできた。

むかし私の作っていたのより、甘みが強く、ぽってりとしている。これからまた、自分流に工夫した味にしていこう。とにかく、材料からみても栄養たっぷりで、今の私にはカロリー過剰になりがちだが、紅茶のつまみに、カリカリトーストにのせてたべる味は格別だ。かつては家族のために作っていたものを、今は自分のために作っているだけだが、私にはそれが家族とのつながりを味わっているように感じるのだ。

白玉とよもぎだんご

うらうらと暖かい春先のお客に白玉を出したり、子どもが摘んできたよもぎをたいせつにして、おだんごに作ってやるなど、ちょっとした手をかけることで出せる季節感が、思いもよらぬほど人に喜ばれることがある。

白玉はかき氷とともに盛って初夏のさきがけのおやつにもなるし、夏の終わりまで楽しめるので、気軽に作る習慣がほしい。さらにまた、和風のすまし汁の実や、中華風スープの実にと、一年中のおかずにも使えるもの。

作り方は白玉粉を耳たぶくらいのかたさに水でこね、好みの形にまるめてたっぷりの湯でゆでるだけ。形はそら豆型が美しい。

よもぎだんごは上新粉を使って作る。熱湯を加えてしゃもじでこね、手が入れられるようになったら、なおよく手でこねてから小さくちぎって、ぬれぶきんを敷いた蒸器で十分から十五分蒸す。これをすり鉢に入れ、すりこぎでよくつきつぶす。温度が下がったところへ、よもぎの芽をゆでてすりつぶしたものを加えてつきまぜる。手に砂糖水をつけ、好みの大きさに小さくまるめ、甘くした黄粉をつけて食べたり、とろりとしたあんをかけて食べたりするのもおいしい。または、小さく作ったあん玉を包みこんで砂糖を加えない黄粉にころがし、形をととのえてもよい。

よもぎのないときは、菊の芽を使ったり、春菊の葉を使うと便利で、「菊だんご」と名をかえればいい。葉をすりつぶしたもの一に対して、新粉もちは三の割合で程のいい味になる。

パンカツとトンカツ

以前、テレビの料理番組にレギュラー出演をしていたとき、おやつのアイデアに「パンカツ」というのを作ったことがあります。私にとっては、なつかしい味だったので、一度それを紹介したいと思っていました。

幼い日の一時期、私は東京の下町で育ちました。パンカツは、住んでいた町に五の日になると出る、縁日のお好み焼の屋台で買って食べたものです。太ったおじさんが、よく磨きあげた鉄板の上で手品みたいに焼きあげる亀の子型や、うさぎ型のお好み焼も、甘くておいしかったけれど、いちばん好きなのはパンカツでした。

大人になって思い出してみると、何のことはない、ちょっとかたくなった食パンでも使ったのかもしれませんが、厚さ一センチくらいに切った食パンの両面に小麦粉の水ときをつけ、それを鉄板の上で両面キツネ色に焼きあげただけのものでしたが、その上にせん切りキャベツをのせ、ウスターソースをふりかけて紙に包んで渡してくれるのでした。ソースの味と香りのしみたパンカツが、私には本当においしかった。

もしかするとそのおいしさは、友だち数人といっしょに、親の目をはなれて縁日の夜に買い食いをするたのしさの味であったのかもしれません。とにかく、縁日の晩だけは、子ども同士で夜の町に出ていくことを許されていましたし、しかも、いくばくかの小づかいを、しっかりと握りしめていくことができたのです。今思えば、十歳にもならない女の子同士が夜遊びに出ても何の心配もなかったということでしょうか。

それはともかく、私はパンカツの味が忘れられず、大人になってからもときどき、作ってみようかな、とは思ったのですが、あんまりおいしそうでもないかと思いなおしてやめていました。

ひょんなことから、マスコミで料理の先生みたいな仕事をすることになって、家庭のお総菜という分野を守ってやっていましたが、テレビで「おやつ」を何回かつづけることになったとき、この機会に、と考えたのがパンカツでした。

お好み焼屋のおじさんのアイデアをそのまま頂戴するのでは申しわけないし、少しぜいたくにやろうじゃないかと自分にいいきかせて、パンには粉チーズを入れたとき卵をつけ、まわりにパン粉をまぶし、油でカラっと揚げ、もちろんきざみキャベツをたっぷりとのせてトンカツソースをふりかけました。

この番組を見たという方から、お電話やお手紙をたくさんいただきました。テレビでは、縁日の夜のたのしみとして、パンカツを買って食べた話や、そのとき私が紹介したのとはちょっと違っていたことなどを話しましたが、その反響でした。

「忘れていたけれど、たしかに子どものころにパンカツを食べたことがある。なつかしくなって家内に作らせたが、うまかった」とか、「あなたも子どものころには、そういうものを、おいしがって食べていたのか」とか、いろいろでしたが、もしかすると、あのお好み焼屋のおじさんは、あちこちの縁日をまわって商売をしていた人だったのかもしれません。だから、当時の下町の子どもたちには、よく知られていたのかもしれないし、私のように、お小づかいをにぎりしめて、まっしぐらにおじさんの屋台めがけて駆けだしていった子どもたちも多かったのでしょう。

私の作ったパンカツは、そのころまだ元気だった家族たちにも意外に好評で、早く作ればよかったと思ったほどでした。

外交官と結婚して外国生活の長かった姑とその長男である夫は、庶民の子の私と違ってハイカラなものを好んで食べていました。お茶の時間には、クッキーとか生クリームのお菓子を好んでいたので、屋台のパンカツの味なんて向くまいと私は思いこんでいたのですが、わが家でテレビのリハーサルをしたとき、余分に作って家族にも味をみてもらったら、姑は「あら、おいしいじゃないの」といい、夫は、「きみが好きなトンカツと似ているじゃないか」と笑いました。

私はおなかがペコペコになると、「ああ、トンカツが食べたい」とよくいいました。トンカツがむしょうに食べたくなるのは、きざみキャベツとトンカツに、ソースをいっぱいふりかけて、ごはんといっしょに食べるおいしさを思うからで、まさに空腹を満たしてくれる美味なのです。よくよく考えてみると、パンカツとトンカツは、私の中で微妙にからみあっています。

子どものころ、学校からの帰りみち、おなかがすいて、早く家に帰っておやつを食べたいと思うとき、よく私はパンカツが食べたいと思ったものです。

働く主婦であった時期、空腹にも気がつかず夢中で仕事をしていることもよくありましたが、めまいを感じたりしてやっと食事をしなければと思いつくと、きまってトンカツが食べたかった。あのボリュームが魅力だったのだと思います。年をとった今も空腹のときにはトンカツが目にうかんできます。

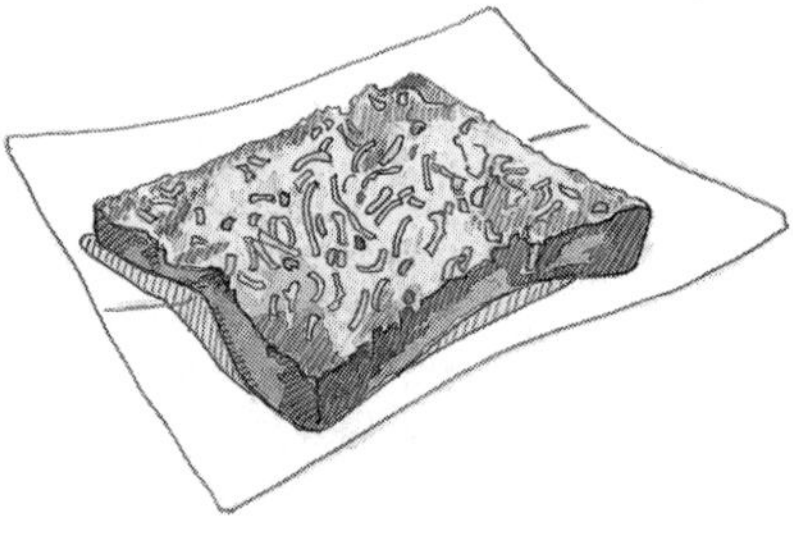

しゃれている切りおとし

数年前から埼玉県に住むようになった妹から、五家宝《ごかぼう》の切りおとし、というのを送ってきた。ゴカボと私たちは呼んでいるお菓子だ。

「うちの近所で作っているのだけれど、私も、切りおとしというのをはじめて知ったの。ためしに買って食べてみたら、きな粉もたっぷりついていて、おいしいので、よかったら送ってみようかと思ってさ」と、私がきな粉を好きなことを思い出し、そんな電話をかけてきたのだった。

早速試食してみたら、妹のいう通り、切りそろえて箱詰めになっているものよりたしかにおいしい。米、きな粉、蜜という材料の素朴な味が、切りおとしという不揃いさで一層味わい深く感じられた。

切りおとしといえば、私も時々カステラの切りおとしを買ってくる。それを、砂糖ぬきのカスタードプディングの材料に浸して型に入れて焼く。子連れの客の来る日などに、時間を見計らって作る。オーブントースターでも簡単に焼ける。

以前、近所の洋菓子屋さんに、安くておいしいと評判の菓子があった。好奇心の強い私はすぐ買って食べてみたら、牛乳と卵に浸したケーキ台の切りおとしをいろいろまぜて焼いた味に思われた。

アプリコットのジャムを洋酒でゆるめ、ソースとして使い、アルミホイルで包んであるところがしゃれた感じであった。

「いいなあ」とそのアイデアをいただき、私流に切りおとしカステラを使ってカステラプディングを作り、あたたかいうちに、あたたかいカスタードソースをかけて食べることにした。子供にはバニラの香りを、大人には洋酒を加えたアプリコットソースをかける。結構、切りおとしも豪華になる。

切りおとしといえば、上等な肉ばかりを商う店の切り出し肉を私はよく利用する。生姜といっしょに、私好みの味で佃煮風に煮て冷蔵庫に保存すると、かなり長持ちするので重宝なのだ。

一度にたくさん作って近所に住む友人に分けたり、よそのお宅を訪ねるときの手みやげにしたりする（ただし、切り出し肉だけは、店を選ばないと、脂身や硬くて食べられない肉ばかり、ということもあるので要注意）。

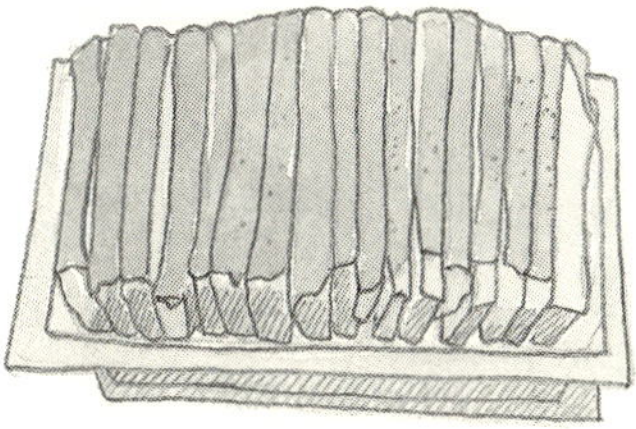

イチゴジャム

イチゴのジャムは、甘味を加減して、何種類か作っておくとたのしみなものです。

まず、フレッシュジャムとして、私のうちでは、洗って冷やしておいたイチゴを薄切りにして、グラニュー糖か、キビ糖を好きな量だけまぶし、マラスキーノかオレンジキュラソーなど、香りの高い洋酒を少しふりかけて、よくまぜ合わせていただきます。イチゴの安い時期は、それがたのしみで、パンはもちろん、カステラやホームメイドのパンケーキにのせてもいただきます。

次に当座用として、ごく甘みの少ないものの作りかたです。これは、イチゴの目方の三分の一の白砂糖をふりかけ、水が出てきたら火にかけて三十分くらい中火で煮ます。最後にレモン汁をしぼって、さわやかな酸味が感じられる程度に加えます。これはすぐカビが生えますので、冷蔵庫に保存します。

イチゴと砂糖の割合を、目方で、イチゴ二、砂糖一くらいにしたものも、あっさりとした味です。作りかたや保存は、三分の一の砂糖のものと同じです。

長期保存用として熱気消毒をしないものは、イチゴと砂糖を目方で同量にします。まず、砂糖を半分だけイチゴにまぶし、水が出たら火にかけます。これは、はじめ煮たつまでは強火にするので、こげつきをふせぐためです。

煮たってきたら火を細め、残りの砂糖を加えてとろ火にしてゆっくりと煮つめますが、あくがういてくるので、そばに水を張ったボウルを用意しておき、スプーンであくをすくっては水で洗います。あくはできるだけ手まめにとってください。

煮つめかげんは、まだたっぷりと水があると思われるくらいのときが冷えるとちょうど加減がよく、アメ状になったときは、もう煮すぎです。最後に、レモン汁かクエン酸を加えます。この量は、一キロのイチゴにレモンなら二個分の汁、クエン酸は五グラム程度まで。香りのいいリキュールを加えてもいいものです。

もしびん詰にするときは、きれいに洗ったねじぶたのびんに入れ、ふたをのせて一時間ほど蒸し器でむし、火を止めたら、ふたをきっちりねじこみます。なるべく小びんにつめ、少しずつあけるとよいでしょう。

スカンポのジャム

スカンポが芽を出し、赤い色の葉がかわいらしい季節である。うちの庭にも、手入れのいきとどかない片すみにこの草が季節のいのちをいとなみはじめた。ときどき散歩に出かける近くの公園にも、川のふちにも、あちらこちらにその姿がみえる。今に、ニョキニョキと、たくましく伸びていくであろう。

どちらかといえば、たくましすぎてきらわれる草であるが、この草の茎の酸味を好んでたべた幼い日を思い出すと、やはりなつかしい。遊びといえば原っぱで、男の子にまじって兵隊ごっこや馬とびに夢中になっていた私は、今の都会の子のように、勉強に追いまわされることもなく、親の過保護も受けず、家事の手伝いをさせられるほかは野放しの子として遊びまわっていた。そのために、東京育ちでも野の草をたべたり、よその家の垣根に実ったきいちごをとってたべたり、女の子らしからぬ子であった。

遊びつかれてのどがかわくと、土手のスカンポを折って、すっぱい茎をかんで汁を吸ったのが、実においしかった思い出がある。

そんな記憶から、スカンポでジャムはできないものだろうかと、数年前、一度作ってみた。うす皮をはぎ、一センチほどに茎をきざんで三分ほど熱湯にひたし、水を切って砂糖を加える。適当に煮つまったところで仕上がりである。ルバーブのジャムと同じ要領で作ってみたのであるが、酸味もほどよく、ややアクがあるだけで、ルバーブに似通った味にでき上がった。

私は、自分の発見した味だと思ってうれしくてたまらなかった。あまり甘味をきかせず、かたくもせずに、かんたんなジャムに作った方がおいしい。アクは、一度ゆでこぼしてから砂糖を加えるとずっと少なくなることもおぼえた。

今年も、少しでもいいからスカンポのジャムを作ろうと、茎が伸びるのを待っている。ちょうど四国から訪ねてきた八十近いおばあちゃんにその話をしたら、四国ではイタンボと呼ぶそうである。

「イタンボのようなにくまれ草に、そがいな手をかけなさるとは、もの好きよなあ」

と言われた。そうかもしれない。でも私は今年も作るつもりである。

お菓子のしおりから

以前、広島県の因ノ島《いんのしま》にいったとき、島でできるみかんを使って工夫したという大福もちをごちそうになった。外がわのお餅に、ほんのりと色がついて、みかんの香りが口の中にひろがり、あんの味もさっぱりとしていておいしかった。一村一品運動の作品だときいた。この素朴な大福もちが、そのうち、きれいな箱に入れられて、由来書などが添えられた「銘菓」などにならなければいいのだが、と一瞬考えた。

土地の人たちが、おやつに食べたり、婦人会の集まりにお茶菓子に使われたり、遠来の客のもてなしやおみやげにも、気楽に使えるおいしいものにしておいてほしいと願うのは、私がそこの住人でないからかもしれない。けれども、そんな願いをもつのは、私なりの理由がある。

ひところ、私は「お菓子のしおり」を集めていた。今も、旅先で買ったお菓子がおいしかったとき、そのしおりを大切にスクラップしておくが、まだ、銘菓のしおりなどがあまりなかった頃に、私は、目についたものを集めていた。たいへん現実的な目的からであった。当時はまだ宅配便のような便利なものはなかったし、電話もそう簡単にはかからない時代であった。今どきの取り寄せグルメとやらで、下関のふぐを刺身にして皿に盛ったまま、薬味まで添えて東京へ送る、などということは考えられもしなかったといっていい。だから、おみやげのおいしいものはうれしかった。

当時、私の夫はよく旅をしていた。酒好きであったので、地方から講演の依頼などがあると、それぞれの土地のお酒が味わえるのが魅力でほいほい出ていった。ついでに、かねていってみたいと思っていた土地が近くにあると、そこまで足をのばすのを楽しみにしていた。私がお菓子のしおりを集めはじめたのは、こういう夫の旅を利用して、その土地の銘菓といわれるものを、おみやげに買ってきてもらうためであった。

夫は外出先で珍しいものを食べると、料亭の膳に並んだものでも、持ち帰れるとみれば、少量でも、こまめにカバンの中に大事そうに入れて持ち帰った。何とか工夫して酒のさかなに作ってくれというので、私もその味をたよりに作ってみたが、なかなか真似のできるものばかりではなく、失敗を重ねていた。酒や酒のさかなのためには、そんなに熱心になるのだから、お菓子を買ってきてもらうのもいいだろうと頼んでみると、甘いものには関心はないが、と、しぶしぶ承知した。

私は、和菓子の頒布会などにも入って、積極的にしおりを集め、現物も味わった。そのうち、お菓子を通して土地の歴史を知り、一度いってみたいと思うところが増えた。自分の仕事のスケジュールが動かせれば、夫の旅行についていったり、自分の仕事で出かけるときは、必ずお菓子のしおりのスクラップを見て、店の電話番号をひかえておき、近いところには足をのばしたりした。

しばらく、そんなことがつづくうち、お菓子を食べない夫も、だんだんに興味をもちはじめたらしく、たまたま夫の親しい友達でお菓子についての本を書いていた富永次郎さんをまじえ、三人で、和菓子について話す機会が多くなった。富永さんは、日本じゅうあちこちのお菓子の店を訪ね、主人の話をきいたり、お菓子を味わってこられたので、私も教えていただくことが多かった。ある日、

「菓子くらい、その土地の文化を伝え、土地にかかわるゆかりを示しているものはな

いと思うね」

といわれたことが、私の心を深くとらえた。たとえば、と話してくださったのは、大阪の老舗の名物菓子とよく似た菓子を、青森の小さな町の古い菓子屋で見かけ、なぜこんなに似通ったものが？　と調べてみたら、むかし北前船《きたまえぶね》に乗っていた人が近くの港町の娘と恋におち、船をおりてこの地で所帯をもって菓子職人になった、という話をきいたとのこと。本当かうそかは別として、北前船が文化を運んでいたことを、お菓子が語っているではないか、というのであった。

菓子のしおりを集めているうちに、私は、自分のうかつさに愕然とした。かつてのお菓子は非日常のぜいたく品で、作る人さえ気軽に食べられるものではなかったことを、考えてもみなかったことに気がついた。殿様のお好みとか、献上品をほめられて名をいただいたとか、いわれ書きによると、庶民には手のとどかなかったものが多かったのだ。

今は、お菓子も日常の楽しみの食べ物になったものの、本来は素朴な姿であったものが、包装などで厚化粧をされ、ふだんの生活から遠いところへもっていかれる傾向もある。

因ノ島のみかん大福に、このままの姿でいてほしいと私が願ったのは、そんなことからであった。

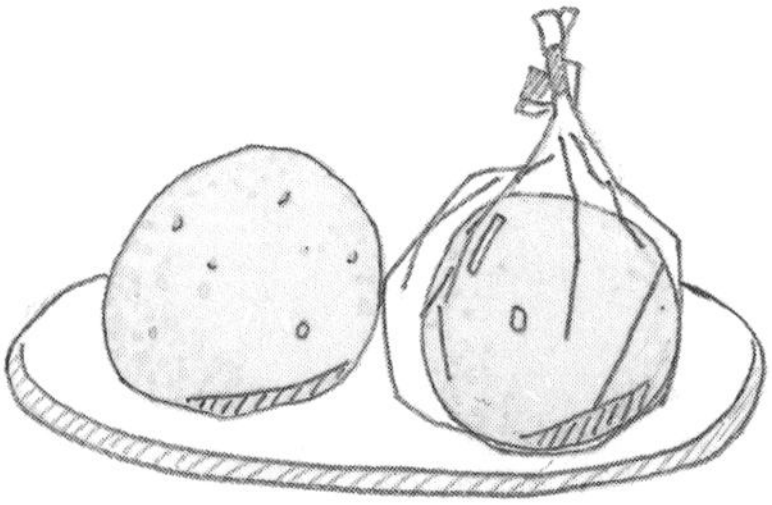

第四章　私の献立

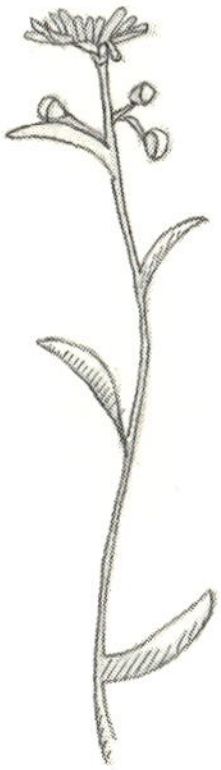

献立に流れをもたせる

おかずのレパートリーをもてば、献立の流れを考えることもたいへん楽になる。好きなものは毎日食べてもあきないという人でも、それは、ほかに食べるものの変化があってこそで、人の食事は小鳥やその他の生きもののように、完全飼料だけ食べていれば満足するものではなく、油のギトギトするような料理を食べた次には、さらっとしたものがおいしく感じるという生理的要求がある。

たとえば朝食は絶対にごはんとみそ汁がいいという人なら、昼はめん類かパン、夕食にはまたごはんという形に流れていく場合が多く、そうすると、夕食には比較的こってりとした料理が一品ほしいということになりがち。

朝がパンだと昼にごはんものを食べる傾向がつよく、夕食は、できるだけカレーとかどんぶりものをさけ、家庭の惣菜の感じの強いものを考える、といったくふうもほしい。

また、朝がごはんとみそ汁という形なら、夕食には清汁《すましじる》を、もしみそ汁ならば朝とは違ったやや料理の感じをもったものにする心くばりも大切で、ときには、たくさん作らなければおいしくない粕汁とか、さつま汁などを夕食にたっぷり作り、青みやねぎなどを新しくして朝食にもう一度それを使ってみるなど、味を考えた調理方法にも配慮を。

おべんとうを作るなら夫の朝昼に食べているものがわかっているため、夕食の献立もたてやすいが、外食の場合は、昼にカレーを食べたのに夕食にまたカレーと重なることにもなりかねない。それをさけるために、一皿ものや丼ものは休日の昼のごちそうにとっておくようにする。

ここで朝、昼、晩の献立の一例を。これは、食べものの変化というだけでなく、たとえばキャベツ一個を買ったとき、それを新鮮なうちにどう使いきるかの知恵も含めての献立である。

♣朝昼晩の献立例

朝　食

○ごはん
○キャベツとピーマン、豚肉のみそ汁
○白すぼしのおろし和え
○塩ざけ
○きゅうりの漬け物

昼　食

○月見うどん
○塩もみキャベツ

夕　食

○ごはん
○じゃがいもとにんじん、玉ねぎの吉野汁
（塩味で葛を加えた汁）
○とりのから揚げとカリフラワー衣揚げ盛り合わせ
○キャベツの酢のもの
○なすときゅうりのぬかみそ漬け

こんな献立なら、翌日のみそ汁に生のとり肉を少しのこしておいてだしに使い、キャベツを漬けておいて朝の漬け物にしたりと、くりまわしもじょうずにしなければならない。キャベツを使い切るにしても、つまりは何種類かに使い分ける能力がのぞまれているということになる。

♣パン好きの人のための献立例

パン好きの人のために、ある日曜日の朝食を、こんなふうにしてみては？　という献立を。

○ポテトのクリームスープ
○半熟卵
○フルーツサラダ（またはグリーンサラダ）
○コーヒー

ポテトスープは、玉ねぎのみじん切りとせん切りのじゃがいもをバターでこがさぬようによくいため、ひたひたの水を加えてとろけるまで煮る。これをうらごしにし、牛乳を加え、少し濃いめに塩味をつけ、食べる前に生クリームを加えて、熱いときはパセリを、冷たいときにはアサツキのうす切りを浮かして食卓に。

分量は好みで増減すればよいが、目安としては、二〜三人前で、

じゃがいも　大一個
玉ねぎ　中二分の一個
牛乳　カップ一
生クリーム　カップ二分の一
塩　小さじ一〜一・五
バター　大さじ一

フルーツサラダは季節のくだものやかん詰めくだものを、ハチミツで味つけしたゼラチン液でかためておくだけ。ゼラチンでおおっておくと形もきれいで、味もかわらず、よく冷やして食べられる。たとえ少々は口に合わなくても、新婚時代の妻の手料理に、夫の採点は甘いから、冒険もしてみていいし、とにかくやってみることをすすめたい。

市販のお総菜を上手に使う法

上手に市販のお総菜ものを使うのも食卓のバラエティには大切なこと。ただしいささかのわが家の味を加えるのが、主婦の心づかいというものでしょう。

おかずとしては市販のものに加える五分か十分でできるつけ合わせや取り合わせの一、二品を作り、その間に食卓までととのえられるというアイデアを数点ご紹介しましょう。

♣お総菜を使った献立例

献立①

○ハンバーグ
○シイタケのバター焼つけ合わせ
○コンソメスープ
○パン

材料（二人分）――ハンバーグ（四個）　シイタケ（大六枚）　キャベツ　パセリ　固形スープの素（二個）　塩　コショウ　バター

作りかた――シイタケをそぎ切りにし、フライパンにバターをひいて両面を色の変わる程度に焼き、塩、コショウで薄味をつけます。

冷凍のハンバーグをあたためて盛りつけ、シイタケ、キャベツのせん切りを大皿に盛りつけます。コンソメスープは固形のスープの素を使いますが、指定の分量より三分の一ほど多めにお湯を加えて、塩、コショウで味をおぎない、パセリかセロリの葉のみじん切りをうかせます。スープはポタージュでもよいでしょう。

献立②

○カツ丼
○小松菜のおひたし
○塩番茶

材料（二人分）――トンカツ（二枚）　卵（二個）　タマネギ（半個）　小松菜（三〇〇グラム）　花かつお　番茶　塩

作りかた――薄っぺらな市販のトンカツもカツ丼にするとみじめな感じはしません。まず水四、しょうゆ一、砂糖をしょうゆの三分の一から四分の一の割合に合わせて煮たて、タレを作ります。

タマネギは薄いくし形切り。タレといっしょに小型フライパンかボールに入れ、その上に一口ぐらいずつに切った一人前のカツを並べ、ふたをしてあたためる程度に煮ます。カツに火が通ったら、上からとき卵一個を入れてとじます。これを丼に盛ったあついごはんの上にのせます。小松菜は花かつおをかけておひたしにします。番茶にはひとつまみの塩を落としておつゆがわりに。あるいは昆布茶にあられをうかして。

献立③

○シューマイライス
○もやしのあんかけ

○中華風スープ

材料（二人分）――シューマイ（一〇個）白菜かキャベツ　もやし（二〇〇グラム）ショウガ（一かけ）長ネギ（五センチ）焼ノリ（二枚）しょうゆ　砂糖　酢　かたくり粉　塩　ごま油

作りかた――シューマイは五個ずつ皿に盛ってそのわきに冷やごはんを軽くおき、電子レンジにかけるか、蒸し器に入れあたため、そのまま食卓に。その間に作るつけ合わせの白菜かキャベツのせん切りと、もやしはたっぷりのごま油でいため、砂糖、しょうゆ、酢で味つけをし、水どきのかたくり粉を入れてとろみをつけ、最後にショウガのしぼり汁を落とします。お碗にネギの薄い小口切り、焼ノリ、ごま油二滴、塩、しょうゆを入れ、熱湯を注いで即席中華風スープを作ります。熱湯でなくインスタントコンソメでも。

献立④

○蒸しずし

不意の来客のとき、店屋ものをとるにも不便だし、インスタント食品も手許にない場合、冷やごはん利用の蒸しずしは気がきいたもてなしです。材料はあり合わせのものを使えばよく、別にきめる必要はありません。ごはんが、何かの都合でたっぷり残ってしまったとき、家中でお昼に食べてもよいものです。

材料（ごはん以外のもの）――でんぶ　シイタケの煮物　いり卵（または錦糸卵か厚焼卵）もみノリ　青み野菜　紅ショウガ　酢　砂糖　塩

作りかた――ふつうのお茶漬丼に軽く一杯の冷やごはんを入れ、その一杯分の冷やごはんに対し、酢大さじ一杯、砂糖小さじ一杯、塩小さじ四分の一杯の割の合わせ酢をまぜ、全体にもみノリをまぶします。

　上にシイタケ、青み野菜、いり卵などをきれいにのせ、丼にふたをして十五分くらい蒸し器で蒸せば、酢味のやわらかくしみたあたたかい蒸しずしができます。でんぶ、奈良漬などを冷蔵庫に常備しておくと、こういう献立に便利です。でんぶは手づくりでも、市販の味のよいものを選んで買いおきし、冷凍保存しておけばいつでも使えます。

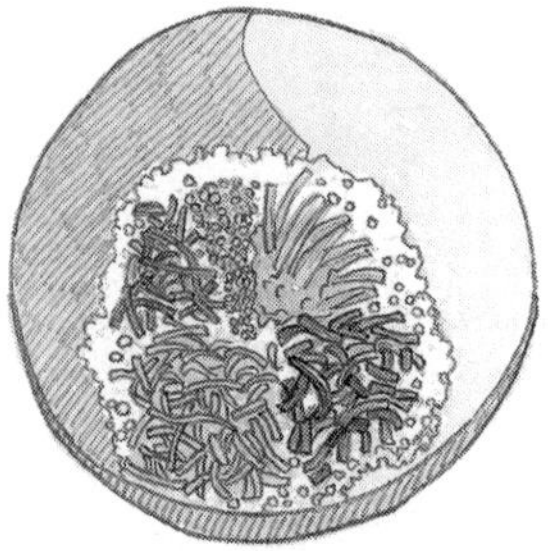

若い人にもお年寄りにも好まれるメニュウ

♣一週間の献立例

【月曜日】

朝　食

○ごはん
○キャベツの味噌汁（食卓に揚玉と粉山椒を出しておき、好みで味噌汁に入れる）
○いり卵
○小魚の佃煮あるいは干物
○漬物

昼　食

○うどん（冬は熱いままを、夏は冷やして皿に盛る）またはスパゲティ
○ひき肉と野菜のみじん切りの油いため（塩、コショウ、トマトケチャップで味つけしたのをたっぷり出す。これは汁がないのであっさりしているし、脂っこいものを好む人にも満足される。うどんにかけて食べる）

夜　食

○ごはん
○イワシあるいはアジのから揚（タルタルソースと、おろし大根、おろしショウガを食

卓に用意する。大根、ショウガをから揚の魚にたっぷりかけ、しょうゆ味で食べればさっぱりするし、タルタルソースをかければ西洋料理の感じが充分にたのしめる）
○野菜の煮物
○漬物（タクワンと塩もみ野菜）

【火曜日】

朝　食
○パン
○スープ（あり合わせの野菜をこまかくきざみ、煮こんで塩、コショウ、固型スープなどで味をととのえたもの。牛乳を入れてもいい。野菜ごと器に盛り、好みでバター一片を落とす）
○半熟卵またはハムエッグ
○生野菜（塩とフレンチソースを食卓に）

昼　食
○ごはん
○味噌汁（ワカメと、あしらいにネギを油でざっといためて入れる）
○塩ザケの焼いたもの
○漬物（キャベツと青野菜の浅漬）

夜　食
○ちらしずし（ごはんに酢味をつけてそれぞれ丼に盛る。食卓に生魚の酢〆、錦糸卵、ハムせん切り、もみノリ、切りごま、きゅうりのせん切り等を用意し、好みのものを酢飯にのせて食べる）
○汁（豆腐とワカメのすまし汁――味噌汁でもいい）

【水曜日】

朝　食
○ごはん
○味噌汁（豆腐、上がりに生ネギを散らす）

○おから
○漬物
昼　食
○カレー入りの煮込うどん（ガラか豚の小間切れを使ってスープをとり、ニンジン、タマネギの薄切りをにおいのない油少量でいため、カレー粉を加えて香りをつけ、これをスープにまぜて塩、コショウとしょうゆで味をつける。さらりと食べたい人にはこのスープで煮こんだだけのうどんを、ものたりない人には、カレールーを使ってとろみのあるカレースープで煮こんでもいい）
夜　食
○ごはんでもパンでも
○魚の油焼
○粉ふきいも（きざみパセリをまぶす。ショウガじょうゆとブラウンソースを用意する。好みでどちらをかけて食べてもよいように）
○酢和えの野菜（季節のもの）
○汁（アサリのうしお汁）
○漬物（タクワンと青菜の塩押し、しば漬など）

【木曜日】

朝　食
○パン
○半熟卵とチーズ
○いため野菜（もやし、ほうれん草などがいい。これは少量の酢を落とすと口あたりがさっぱりする）
○飲みもの（ミルクティ）
昼　食
○お茶漬（佃煮、魚の干物、漬物、もみノリ、切りごまなどを用意し、ほうじ茶とだし汁を用意し、好みのものを、ごはんにのせ、お茶や、だし汁も好みでかける。どちらにも、ノリとごまは香りと味をそえる効果がある。油揚のつけ焼をこまかくきざんだものなどもお茶漬向き。お茶漬を好まぬ人は、材料のものをおかずにして食べる）

夜　食

○ごはんかスパゲティ、またはうどん

○シチュー（牛肉と、ニンジン、タマネギ、じゃがいもなどを同じ大きさの賽《さい》の目に切り、充分いためてから、一人前小さじ一杯の小麦粉を入れてさらにいため、スープをさし、塩、コショウ、ケチャップで味つけして煮こみ、これをごはんやゆでたスパゲティにかけて食べる。半分に分け、一方にカレーを加味してもよい。粉チーズをかける。若い人や子どもはほとんどカレーが好きだが、もし好まない人のいる場合、こんな食べかたも工夫できる。サラダをそえる）

【金曜日】

朝　食

○ごはんでもパンでも

○いり卵（塩とコショウだけの味つけで）

○ノリ（パリッと焼いたノリは、バタートーストにのせて食べても素敵においしい。ワサビ漬ものせるといい）

○味噌汁（野菜をたっぷり入れ、若い人には、ベーコンをきざんで野菜とともにいためて入れる）

昼　食

○炊きこみごはん（タマネギのみじん切りとともに油で米をいためた中にアサリのむき身を入れ、塩、コショウの味で炊きあげる。別にホワイトソースや粉チーズを用意し、この炊きこみごはんにかける。あっさりし

た味を好む人は、ソースをかけず、パセリのみじん切りでもかければ美味）
○生野菜サラダ（あるいは酢物にしてもいい）

夜　食

○うどんすき（主食もおかずもいっしょに、煮ながら食べる鍋料理。鶏肉、長ネギ、キノコ類、白身魚、なると、貝、香りの高い青菜など、予算や季節の関係で自由に取り合わせる。大鍋を囲み、めいめい好きなものを取って食べるから、材料は、家族の好みとにらみ合わせて量を考えたい。煮汁は、だしの十分の一の薄口しょうゆと、しょうゆの半量から同量までのみりんを入れて作っておく。箸休めに煮豆や浅漬の漬物を用意しておく）

【土曜日】

朝　食

○ごはん
○豆腐とワカメの味噌汁
○丸干しイワシと大根おろし、納豆
○粉ふきいも（若い人向きには熱いうちにバターソースをかける）
○漬物（キャベツの塩もみ）

昼　食

○パン
○メンチカツ（ひき肉とタマネギのみじん切りを、ちぎったパンと卵でつなぎ、塩、コショウで味つけして小判形にまとめ、フライの要領で揚げる。カツは脂っこいという人のためには、同じ下ごしらえした材料を直径二センチに丸くまとめ、小麦粉をまぶしただけでいっしょに揚げる。カツにはウスターソースを、ボールにはしょうゆをかけて食べる。つけ合わせはキャベツのせん切り、パセリなど。メンチボールにつけ合わせるものは、薄塩をふって軽くもんでおく。スープでもすまし汁でも、何か汁物をそえ、漬物は古漬のものを）

夜　食

○ごはん

○すまし汁

○魚の煮付

○野菜サラダ（ハムと生野菜など盛り合わせ、マヨネーズとフレンチソースを別に用意し、好みのソースで食べる）

○漬物（箸休めにも向くような、カブか大根の即席漬など）

○くだもの（土曜の夜のゆったりした気分を大人も子どもも味わうため、デザートを何か用意しておきたい。晩酌をする夫のためには、たとえば塩辛やイカのくんせいのようなつまみものもとくに用意したいところ。または、ビーフジャーキーなど、大人子どもを問わず思わず手を出すようなものも。チーズの盛り合わせも）

【日曜日】

朝　食

○ごはん

○味噌汁（豆腐とワカメ）

○厚焼卵　染めおろし

○きんぴらごぼう

○漬物

昼　食

○ギョーザ（子どもたちに手伝わせて、変わったものを作りたいというねらいだが、これは一例。焼きギョーザは若い人向き。水ギョーザはあっさりしている。水ギョーザにすると、ゆで汁ができるが、これにしょうゆで味つけしてスープにするといい。作る自信と時間がなければギョーザは出来あいを買ってもいい。冷凍でおいしいものも売り出されている。調味料は、酢じょうゆ、ドレッシング、ソース、辛子等）
○中華風サラダ

夜　食

○ごはん
○豆腐、青菜のすまし汁
○肉の立田揚（肉は豚でも鶏でもよい。しょうゆにつけておいて、かたくり粉をまぶして揚げる。山椒か唐辛子の粉をふりかけて食べる）
○野菜の煮物
○魚の酢物
○漬物

＊これは誰にも文句のないやや型通りのととのった食卓だが、こういう献立は一般の家庭の場合、日曜日の夜が好都合であろう。突然来客があっても、一人や二人の融通がきくことも考えての献立で、酒飲みにも適当。

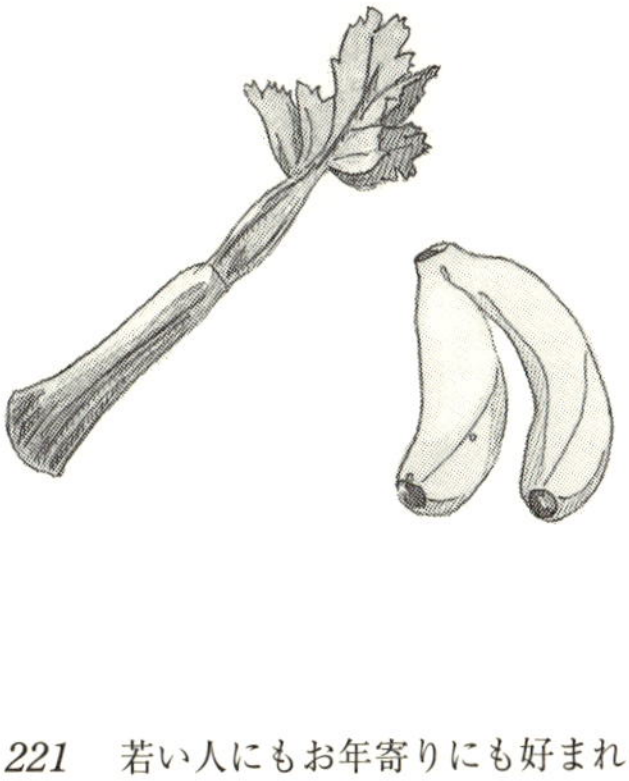

私流コース料理

夫が元気な頃お客様の多かった我が家で、仕事を持っている私の作る料理は、前々から下準備をきちんとしておけば、あとは揚げるなり、焼くなり、さっと料理して出せるものがほとんどでした。準備と段取りさえよければ、お客様をお待たせしないで熱いものは熱いうちに、冷たいものはよく冷やしてお出しできるわけです。ひとりですべてを料理しなければならないわたしの知恵でした。当時よくお客様料理としてつくって好評だった中華の私流コースをご紹介してみます。

♣中華のコース

○前菜　いろいろ

ピータンや手作りの焼き豚を早めに用意しておきます。焼き豚は冷凍しておくこともできます。きゅうりの酢油づけなどと付け合せて。とりあえずお酒と一緒に出して時間を稼ぎます。その間に揚げ物や炒め物を用意します。

○揚げ物　海老のすり身入りパン揚げ

海老をすり身にして卵白と片栗粉を加えた

ものをサンドイッチパンにぬって、食べやすい大きさに切って、油で揚げたもの。前日からなら、すり身をはさんだパンを切る前に蒸して冷蔵庫にいれておきます。当日切って、本当にさっと揚げるだけ。

○和え物　豚肉と春雨のクルミ和え

クルミをすって塩、しょう油、砂糖などで味をつけたものを用意します。豚肉はゆでても、焼いてもよく、細切りしておきます。春雨はさっとゆでておきます。それをクルミの衣で和えます。錦糸卵を上にかざります。

○いためもの　トリと銀杏、カシューナッツのいため

トリは手羽肉をサイコロ切りにして塩、酒をふりかけておく。片栗粉も少しふる。銀杏、カシューナッツ適量をサラダ油でさっといため、次にトリ肉を入れていためます。それだけのことですが、酒のさかなにはなかなかよいものです。

○サラダ

トリを蒸してさき、塩と酢をすこしかけておく。パイナップル（缶詰）とリンゴの角切りとを合わせ、マヨネーズで和える。レタスを敷いた器にたっぷりと盛ります。

○スープ

コーンの缶詰を使ったスープか、骨や野菜をことこと煮出したスープにネギなどを浮かせたものなど。

○チャーハン

卵、焼き豚、缶詰のグリンピース、缶詰のカニ、ネギなど。レタスをたっぷりと添えれば、包んで食べられます。これはお酒のつまみとしても若い人には好評でした。冷えたご飯ならお酒をふって、電子レンジであたためて使います。

無理に毎回献立を変えなくても、あの家に

いったらこの料理が出るとお客様に思ってもらうのもいいのではないかと思います。量だけはたっぷりと用意して。これは我が家を訪ねてくださる方が、わりあい若い編集者が多かったために考えたメニューです。お客様の年齢にもよりますから、例えば、厚焼卵に大根おろしをたっぷり添えたものなどはどなたにも喜ばれるもので、中華のコースに関係なく用意しました。洋風の献立、和風の献立でよくつくったのはこんな感じです。

♣洋風のコース

○ポタージュスープ
ジャガイモ、たまねぎ、にんじんをゆでてミキサーにかけ、牛乳でのばして塩で味付けし、生クリームをいれたもの。
ときにはセロリなどもいれて味を変えました。

○サラダ
ポテトサラダ

○エビフライ

○トリの足のワイン蒸し焼き・トリの丸焼き
(お腹の中にリンゴやパンをいれたもの、まわりにジャガイモの丸ゆで添え)

♣和風のもてなし

○季節の炊き合わせ

○白身の魚の酢じめにきゅうりの塩もみ、ウドの酢洗いしたもの
少し甘めに味付けした卵をいって裏漉ししたもので和えた彩りのきれいな一品。

○大勢のときは桶にちらしずしをたっぷりつくり、枝豆やそら豆の塩ゆでなどの簡単なつなみものをプラスして。それにはんぺん

入りの白味噌の味噌汁を添える。

○簡単な酒の肴として、ハム、チーズ、かまぼこなどありもののほかに、

大根を一センチくらいのイチョウ切りにしたものに醬油、おかか、ゆずをただ混ぜただけのもの。

大根のごく薄切りにうすーく塩をして重ねてお皿にならべ、レモンの絞り汁をかけただけのもの。

大根を薄く切ってザルに入れ一日二日風干しし、土生姜の千切りを七、八本いれてくるりとまく。幾本かできたら糸を通して首飾りのようにつくってつるしておく。食べる数日前にゆずと一緒に甘酢につける。お正月に最適。中に干し柿やゆずを入れても結構です。

○干し柿とゆずをきざんで、砂糖でもむ

○アサリと大根のあっさり煮

アサリを先にさっと煮てとりだし、その汁で短冊やイチョウに切った大根を煮てアサリとあわせる。

♣目上の人を招いた時の献立例

たとえば、お世話になった御主人の先輩とか、お仲人さん、あるいは目上の親類の人を招いたような場合の献立例とその作り方を御紹介しておきましょう。相手は中年以上の方という設定で、和風のごく家庭的な来客料理のアイデアです。材料はあまり季節にかかわりのないものをえらびました。

○前菜　セロリの葉の辛煮とうずら卵のしょう油がらめ

○清汁　みつばとはんぺん

○刺身　白身魚のレモン〆（わさび添え）

○酢のもの　きゅうりのゴマ酢和え

○焼もの　若どりのつけ焼き（または塩焼

き）

○煮含め　ゆばと高野豆腐、さやえんどうの煮含め

○揚げもの　えびとみつばの天ぷら

ご飯、みそ汁、香のもの、果物

○うずら卵のしょう油がらめ

うずら卵をゆでてカラをむき、しょう油につけておきます。

卵にしょう油の色がついたらまわりをちょっと油でいため、二つ切りにして盛付けます。

○セロリの葉の辛煮

セロリの葉は、捨ててしまう方が多いのですが、一度ゆがいてからしょう油味で佃煮風に煮ておくと、酒の肴としても、保存食としてもよく、大へん便利です。

葉がやわらかくなるまでゆがくのがおいしく作るコツです。

○白身魚のレモン〆

白身の魚を、ふつうの刺身より大きく、うすくそぎ切りにし、一枚ずつレモンのうすい輪切りをはさんで一人前に五切れくらい重ねて皿につけます。ツマは適当に、あり合わせのものを添えるか、魚屋さんで分けてもらいます。

○若ドリのつけ焼き

若ドリの足を、みりん1、しょう油1、酒1の割合の合わせじょう油に一時間ほどつけておき、これを直火にあぶって作ります。つけ汁は片栗粉少量を加えて火にかけ、とろみをつけて、焼き上ったときにタレとしてぬります。

塩焼きの場合、トリに塩と酒と生姜の絞り汁をふりかけてしばらくおいてから、同様に直火焼きにします。ガスの火でも、少し遠火になるように工夫して上に金串を渡して焼け

ばきれいに焼き上ります。たべものの味にやかましい人には、塩焼きが無難です。

○きゅうりのゴマ酢和え

ふつうのきゅうりもみでよいのですが、合せ酢に白ゴマをすりまぜると、ぐっと味がひきたちます。

○煮含めもの

ゆばや高野豆腐は、時間をかけて煮ないとおいしくありませんから、お客用には、一番早くから下ごしえだけしておくとよろしいでしょう。

ゆばはぬれぶきんで包んでしんなりさせ、高野豆腐はぬるま湯につけてもどし、二、三度お湯をかえて、お湯を含ませたり、しぼったりして洗います。

一番だしをとり、だし10に対してしょう油1、みりん1の割合で高野豆腐をつけ、とろ火でゆっくり煮含めます。ゆばがやわらかくなったら火をとめ、そのまま冷やしておきます。さやいんげんは塩ゆでにし、高野豆腐などを煮た汁が冷えてからその中に入れ、味を含ませておきます。

お客さんにだすまぎわに、もう一度、さっと火をいれ、あたたかいところを器に盛って出すとよろしいでしょう。

この献立は、誰にでもできる、ごくかんたんな料理ばかりです。この中から、そのときどきに応じた料理を一品とりいれていただいてもよろしいでしょう。

季節の味わい

♣春の夕食の献立例

春は青いものがいっせいに出てくるので、野菜たっぷりのおかずが楽しめる。生わかめ、生ひじき、生のりのような海草類もおいしいから、血がきれいになるのではないかと思うほど野菜、山菜、海草を食べる。

こんな春の夕食献立が私は好きだ。

○さやえんどうのかき玉汁、筍とわかめの若竹煮、わらさの照り焼き、大根おろし

○わかめと豆腐のみそ汁、フキとムツ子の煮物盛り合わせ、若狭かれいの焼きもの、ピースごはん（または、そら豆ごはん）

○生しいたけとはんぺんのすまし汁、身欠きにしんの煮つけ、貝柱とわけぎの酢みそ、牛肉しぐれ煮

♣夏の夕食の献立例

けだるく暑い夏の夕食に、食べたいものが思いつかない、というとき、私は何も考えないで魚屋さんに出かける。いわしがあったら買いこんで、「梅干し煮」ときめる。すると、キュウ

りにみそをつけて丸かじりにし、それと青菜のおひたし。ごはんには、もみわかめをいっぱいにまぶして、と、食べたいものの取り合わせが浮んでくる。そういう定番をきめておくと楽だ。

こんな献立も私の夏の定番だ。

○豚汁と鯵の塩焼き、キュウリもみ

○枝豆ごはん、油揚げのパリパリ焼き・おろし生姜、白玉入り沢煮椀、トリレバーの辛煮、粉山椒

○うす切り牛肉オイル焼き・おろしじょうゆ、新じゃが粉ふき、キャベツの酢漬け

♣秋の夕食の献立例

秋はごはんものが多くなる。新米のおいしさと、いろいろな具が出回るので、食べすぎに注意しながら、よく、まぜごはんを作る。

○ぎんなんのごはん＝ヒスイめし

○生姜ごはん＝新生姜のせん切りを、塩味で炊いたごはんにまぜる。

○栗ごはん＝炊きこみの栗おこわも。

○茸ごはん＝松茸は高価だから、しめじごはんや舞茸ごはんをよく炊く。でも、秋に一回か二回は、松茸ごはんと土びんむし、生鮭の塩焼きなど。

○魚飯＝かますの塩焼きをほぐし身にして、塩味で炊き上げたごはんのアツアツにまぜる。針生姜をまぶして食べる。他に深川めし。これはねぎとあさりのむき身を親子丼のような味つけで煮て、熱いごはんにのせる。

♣冬の夕食の献立例

献立①

○かきの変わりバター焼き

○煮豆（大豆と昆布）常備食
○白菜の漬物

かきを酒としょう油の中へつけておき、食卓へすきやき鍋を出して、野菜とともにバターで焼きながらだいだいをかけていただく、簡単でおいしい鍋物です。寒いときでないと作りおきのできない大豆とこんぶを、火のあいているとき煮ておくと便利です。

かきの変わりバター焼き
材料（二人分）——かき（三〇〇グラム）春菊（半わ）ねぎ（三本）にんじん（九〇グラム）酒　しょう油　だいだい　バター
作り方——中粒のかきをえらび酒としょう油同量の中へ一時間ほどつけておきます。
春菊、ねぎは大きめに、にんじんは幅広くうすく切ります。かきも野菜も煮すぎないよう、火の通るそばからお好みにより、だいだいを絞りふりかけていただきます。味付けはかきをつけておいた汁を使います。いためるバターは焦がさないように気をつけます。煮豆と白菜のつけものをそえます。

献立②
○豆腐のうすあん汁
○鮭そぼろ（常備食）
○大根とベーコン煮込み

塩鮭のそぼろを作っておくと、温かいごはんに、お茶づけやお弁当にも重宝です。大根も安い時に買っておき、火のあいている時大きく切ってベーコンとたくさん煮ておきます。

鮭そぼろ

材料（二人分）――塩鮭（二切れ）　白ごま（大さじ一杯半）　ゆずの皮（みじん切、大さじ半杯）

作り方――塩鮭は焼いて身を細かくほぐし、すり鉢でフワフワになるまでよくすります。この中へ切りごま、ゆずの皮のみじん切りを入れてできあがりです。

〝大根の煮込み〟は大根を二センチくらいの輪切りかくし形切りにし、ベーコンも二センチくらいに切っていため、油を出してから大根をざっといため、水または固型スープの素を入れてやわらかく煮込み、酒、塩、胡椒で味をつけます。二つとも手のあいているときに作っておけるものなので、お豆腐のうすあん汁だけ食べる前に作ります。お椀にはおろししょうがをお忘れなく。大根は油揚げと煮付けるのも昔ながらの味でおいしいものですが、若い方にはベーコンを入れて塩、コショウの味にする方が向きましょう。

献立③
○中国風お粥
○ひき肉とみそ漬いり煮

ごくうすく切った白身の魚や薬味などを丼の底にならべ、上からあついお粥をそそいで食べる風流なお粥です。煮立つまで強火で、あとは火を弱くしてもし練炭など使っていれば、それにかけておけば、仕事をしている間にできあがります。あついのをふうふういただけばとても体が暖まります。

これに作りおきのできるひき肉と細かく刻んだみそ漬けのいり煮をそえます。

中国風お粥

材料（二人分）――米（一カップ）　白身の魚（九〇グラム）　ねぎ（又は三つ葉）（½本）　しょうが（少し）　白ごま（大さじ一½杯）　塩　うまみ調味料　ひき肉（一〇〇グラム）　大根か瓜のみそ漬（五〇グラム）　切りごま　とうがらし　酒又はみりん　油

作り方――普通のお粥と違うところは水の割合をお米の一〇倍強と多くすることで、さらりとしたお粥になります。注意することは沸騰してからグラグラ煮ないことです。塩味は米粒が糊化したら茶さじ一杯くらい入れ、たりない分は丼に盛ってから補います。ヒラメなどの白身の魚をごくうすくそぎ切りにして、丼の内側に一重に並べて貼り、薬味として、切りごま、みじん切りねぎ・しょうがをふり、あついお粥をつぎます。お粥に入れる材料は、白身の魚のほか、鶏の笹身や貝柱なども使うとおいしい。

献立④

○洋風おでん

○白菜とりんごのフレンチソース和え

肉も野菜もなるべく大きいまま弱火で半日くらい煮込み、食べるとき切り分けます。煮汁もおいしい味が出ていますのでスープとして飲みましょう。

　柔かく煮えた材料を、ときがらし、トマトケチャップ、マヨネーズ、酢じょう油など、お好きな調味料で味を楽しむ洋風おでんといったものです。材料費が超過しますが、安くあがっている日の分をくり入れます。

洋風おでん

材料（二人分）——牛又は豚バラ肉（三〇〇グラム）　ベーコン（二枚）　じゃがいも（三個）　玉ねぎ（二個）　にんじん（小一本）キャベツ（1/4個）　月桂樹の葉（二枚）（テーブル・ソースとして）トマトケチャップ　とき辛子　マヨネーズ　酢じょう油

作り方——肉は一五〇グラムくらいの固りのまま、ベーコンは一枚を三つくらいに、じゃがいもは一人一個あて丸のまま、玉ねぎは半分に、にんじんは五センチくらいの丸のままに切ります。キャベツも四分の一株を二つ割りくらいに切ります。

　深鍋にベーコンを入れていたため、野菜を入れます。

　肉は煮立ってから入れ、月桂樹の葉、パセリの軸などがあったら入れて、時々浮き泡をすくいながら三時間から半日くらい煮込みます。

　材料が残ったら、翌朝洋風雑炊になさってはいかがでしょう。

　白菜の軸のせん切りと、りんごを赤い皮つきのままうすく切って、フレンチサラダをそえます。

献立⑤

〇かつ丼

〇白菜の酢油漬け

　忙しい時は、たまには丼物が手がはぶけます。おそうざい屋のカツはあのままでは子供もあまり喜びませんが、ちょっと手を加えるとおいしいカツ丼ができます。これに中国風の漬けものをそえました。

かつ丼

材料（二人分）――かつ（二枚）　ねぎ（二本）　卵（二個）　もみのり　酒　しょう油　砂糖　うまみ調味料　白菜（⅓個）　ごま油（大さじ三杯）　しょう油（⅓カップ）　酢（⅓カップ）　砂糖（大さじ二杯）　赤とうがらし（三本）

作り方――　カツは二センチ幅に切り、ねぎは斜め切りにします。水カップ半杯、しょう油四分の一杯、酒少々、砂糖大さじ一杯半を煮立て、煮汁を作ります。フライパンに煮汁を入れ、カツとねぎを入れて、煮立ってきたら卵でとじます。丼に盛ってもみのりをふりかけます。

　白菜は一枚ずつはがし、軸の方から熱湯につけ、しんなりさせます。（やわらかくしすぎないように）これを四センチくらいのザク切りにし、水気を切っておきます。フライパンにごま油を熱し、赤とうがらしを入れ、とうがらしが黒くなるまで揚げます。

　別にボールに酢、しょう油、砂糖を入れ、あたためる程度に火にかけます、油がさめかけてきたら酢じょう油の中へ少しずつ入れてまぜ合せ、この中へ白菜を漬け込みます。皿などをのせてかるい重石をし、一日位おいてから食べはじめます。

大豆のワンコース

デパートやスーパーで買う大豆のほとんどは袋入りなので、一粒ずつを手にとって見ることもできないが、袋を通して見ても、粒の不ぞろいや、虫食いなどはすぐわかるので、そんなものをさけることはもちろん。それと、やはり色艶のわるいものは古いとみてもよいということを忘れずに。

大豆料理はさまざまあり、たとえば『豆腐百珍』という本は、続も出ているので、二百種くらいの料理が、豆腐という加工品だけを使ってもできるわけで、加工品全部を一応大豆の仲間とすれば、ほとんど無限に料理の数は出てくるといってもいい。

大豆料理といえばこんな思い出がある。アメリカの農務省から派遣されて日本に大豆料理の普及に来たというミセス・ジョーンズというおばさまがいた。アメリカ大豆の輸入国である日本に、もっと大豆を使うように指導のつもりでみえた人であった。

たまたま、その前の年に、カナダを訪ねたとき、私がお世話になったイギリス系の老婦人から、ミセス・ジョーンズが講習をする東京での日時や場所を知らせてよこした。私は、教えられた日に訪ねていった。

見ていると、大豆をいれたグリーンサラダだの、大豆のソーセージ様のものをとり合わせたオードブルのような料理であった。また、大豆をミキサーにかけて、呉汁《ごじる》のようなドレッシングソースも作っていた。

わるいけれども私はいっこうに食欲を感じなかったし、正直にいって大豆の扱いだったら日本人のほうが、はるかによく知っているのではあるまいかという自負もあって、講習が終わってからおめにかかったとき、もしもよろしかったら、私の家に一度夕食を食べにいらっしゃいませんかと誘ってみた。

「大豆と、日本ふうの大豆の加工品ばかりで日本の料理を差し上げたいと思って」

といった。ミセス・ジョーンズはたいへん喜んでくれた。実は今度の旅行は自分の三度目のハネムーンなのだと、ご主人も紹介してくれた。六十歳をすぎた婦人とは思えないほど若々しく、ご主人と自分のほうの孫たちを全部合わせたら、一度に十七人も孫持ちになったが、いい考えだと思わないかと私を笑わせたりして、ほんとうに気さくなおばさんという感じであった。割りきって何度も人生を出なおす人なのであろう。

当日の私の献立はとくに珍しいものではなかった。

♣大豆を使ったコース料理

前菜
　枝豆
　ひたし豆のおろしあえ
豆腐さしみ
　つま　花みょうが
　薬味　おろししょうが
清汁
　湯葉、椎茸、大豆もやし
白あえ

にんじん、こんにゃく、さやいんげん、ぜんまい、椎茸

天ぷら

糸引き納豆のから揚げと、枝豆、貝柱、みつばのかき揚げの盛り合わせ

煮物

ごぼうの信田巻き、高野豆腐、さやいんげん盛り合わせ

ご飯

赤だし

なめこ、豆腐、みつば

みそ漬け

いり豆腐

五目豆

とくに精進というつもりもなかったが、大豆で通すとなると、魚も肉もあまり使う必要がなく、しごくあっさりとした献立になってしまったが、お年寄りではあるし、大豆料理の研究家という立場から、一品のこらず、なかばは社交でかもしれないが、たいへんよろこんで食べてくれた。

私も、こんなことを急に思い立ってはみたものの、考えてみるとそういう組み合わせは、はじめてのこころみであった。しかし料理のひとつひとつは手なれたものばかりだから、いっこうに苦にもならず、ただ、献立をたててみて困ったのは大豆もやしが手にはいらないことだった。仕方がないから水盤に脱脂綿を敷き、水を入れ、一日水に浸した青大豆を入れて、暗い場所においた。夏であったせいか、うまいぐあいに招待した日までに、使うだけのかわいいもやしができた。

大豆もやしは、くきを長くのばして料理に使う。暗い場所におくと、ほんとうに、もやしらしくひょろひょろと、折れやすいくきがのびるのである。北海道では、これをみつばのようによく吸物に使ったり酢のものにする。

卵料理ア・ラ・カルト

卵料理の好きな病床の父親を、母とともに看病している娘さんが「もう卵料理のタネがつきた」と、ノートをもって訪ねてきたので、「どんなお料理をしているの?」と聞いてみました。「厚焼、目玉焼、オムレツ、いり卵、それに茶碗むしくらいかな」

娘さんはそう答えました。

「よしっ」と思って私は、「じゃ、今日は卵料理で変わったものを食べさせるわ」と、次の献立を考えました。

♣卵料理の献立例

○ヒラメのそぎ身の黄身酢和え
○しめ卵とツマミ菜の吸い物
○ヒラメの亀山蒸し
○卵コロッケ
○(食後に) カステラ・プディング

ヒラメを使ったのは、その日うちの冷蔵庫に買いおきがあったからです。

▼黄身酢和え——卵黄に酢と塩、砂糖と葛粉

を少し加え、湯せんにしてとろっとしたら冷やして、ヒラメ（白身の魚なら何でも可）のそぎ身を和える。魚は酢洗いし、水分をよくふきとっておく。

▼しめ卵――酢を落とした熱湯に割りほぐした生卵を入れ、二、三十秒おいて湯ごとふきんにあけ、ふきんに残った卵を手早く包んでぎゅっとしぼり、そのまま冷やす。卵が固まったら二つ切りにして吸いもののタネに使う。

▼亀山蒸し――ヒラメ（白身の魚なら何でも可）の切り身に塩と酒を少量ふりかけ三十分ほどおき、別に卵白をかたく泡立て、キュウリをおろし金でおろし、水気をざっとしぼって卵白にまぜ、淡い塩味をつける。魚を一人前一切れずつ皿に盛り、おろしキュウリの入った卵白を上からたっぷりかけてむしあげる。そのままでもよし、レモン酢などかけて食べるのもよい。

▼卵コロッケ――ゆで卵をきざみ、かたいホワイトソースとまぜて、卵形にまるめ、これに粉、生卵、パン粉の順につけて油で揚げたもの。

▼カステラ・プディング――Lサイズ卵三個に人肌くらいにあたためた牛乳二カップ、砂糖大さじ三杯を泡立てずによくまぜ合わせ、プディングの型の内側にバターをぬり、これに入れ、かたくなったカステラをきざんで入れ、弱火の天火で焼くか、蒸し器でむしあげる。カラメルソース（砂糖をこがして湯をさしたもの）をかけて食べる。

その娘さんは、「なるほどねえ、あしたおとうさまに、この亀山蒸しっていうのを食べさせてあげよう」といってくれました。

その病人の食べものとして、何を食べさせなさいといえる知識が私にはなかったので、健康な人のために卵料理の幅がひろくなればと思ってした私のおせっかいが、ひとつでも役に立ってくれたことはうれしいことでした。

病人の食事は、何の病気にしても少しずつかたよった材料になりがちなので、変化をつけるのに骨がおれます。

長わずらいの病人への食事は、客料理よりはるかにむずかしいでしょう。変化をつけることが何よりも大事だと私は思っています。

限られた材料しか使えない場合、それはいっそうです。看護人に「何を作ったらいいのか、考えるのにあきてしまって」などといわれたら、病人はまったくみじめです。病人も、病気にはあきあきしているでしょうから。

私の献立から

庭に顔をのぞかせる青菜やよもぎを使った献立。筍が届いた日の献立。新茶の季節ならではの献立。庭で収穫したミニトマトやキュウリやバジルを使った献立。その季節が待ち遠しい新米や牡蠣を使った献立。嬉しいことがあったときや元気が欲しいときの献立。ゆったりと味わう休日の朝の献立――。

毎日のことだからこそ、家族のために、自分のために、出盛りの旬のものを上手にくりまわして食べる。そんな献立例のいくつかを。

庭の菜に誘われて

○菜めし
○がんもどきと生麩の煮つけ
○小松菜のゴマ和え
○若布とお豆腐の清汁（山椒の葉をひとひら浮かせる）

新茶の季節にはこんな料理も

○自家製のきゃらぶき
○新茶
○茶めし
○筍とフキの煮物
○アジとウドとキュウリをいり卵の裏ごしで

和えたもの

到来ものの筍で
○筍ごはん
○アジの塩焼
○グリーンピースの煮びたし

おかゆはおかゆでも
○牛乳がゆ（牛乳、ニンジンのグラッセ、ふかしたサツマ芋のミジン切り、若布、畑で採れた葉っぱたち、卵）
○サケの切り身をほぐしたもの
○ちりめんじゃこ
○牛肉のショウガ煮
○果物（たっぷりと）
＊おかずは、塩を加減して作ってある保存食の食べたいものだけ出してお膳に並べる。

夏にはビール
○ビール
○枝豆
○しょうがめし
○キュウリとナスのぬか味噌漬
○ピーチゼリー

日曜日にはちょっと手のこんだ朝食を
○トマトジュース（氷とレモンの輪切りを浮かべて）
○トースト（自家製のジャムやマーマレードを何種類か用意して）
○半熟卵
○野菜のサラダ
○果物
○ほうじ茶
＊トーストはマフィンや塩味のドーナツでも。

気のおけない友だちと

○酒のつまみの盛り合わせ皿（ギンナンの酒いり、薄塩の生干しイカの素焼き、キャベツの酢油漬、そら豆とフキの葉の佃煮）

○スープ（アサリの出汁に牛乳を加えたもの）

○菜たね和え（ウド、キュウリ、小アジを甘酢で〆め、卵の黄身をまぶしたもの）

○牛の三枚肉と野菜のシチュー

○レタスのざく切りとラディッシュ（塩を添えて）

○ごはん

○木の芽をあしらった豆腐の味噌汁

○カブのぬか漬け

ひな祭りの定番のごちそう

○ちらしずし

○はまぐりのお吸い物

○菜の花の辛子和え

○さよりの一夜干し

○夏みかんずし

○奈良漬け

○菜の花のごま和え

たまには簡単に

○カレー（粉チーズをふりかける）

○塩漬けキュウリのみじん切り

朝食にも野菜を

○イギリスパンのトースト

○炒め野菜

○ハムエッグ

○紅茶

○果物

庭でパーティー
○菜めし
○庭の恵みの天ぷら（柿の葉、お茶の葉、ユキノシタ、どくだみ、ハルジオン、セリ、よもぎ、三つ葉、椿の花、ゆうすげ）

食欲のない時にも
○梅ごはん
○厚焼き卵のおろし大根添え
○キュウリの松前漬け
○白いんげんのきんとん

私の好きな料理から
○牛乳雑炊
○小魚の佃煮
○しらすぼしのおろし和え
○ひじきと大豆または切り干し大根、油揚げの煮物

これで元気百倍
○ヒレカツ弁当
○はんぺんのみそ汁（隠し味に和辛子を落とす）

うれしいことのあった日に
○あかのごはん（うるち米に小豆を炊き込んだごはん）
○卵焼き
○白みそ仕立てのはんぺんのみそ汁

普段の食事の一例
○ごはん
○かきたま汁
○焼き魚
○青菜のゴマ和え
○漬物

忙しい日の軽食に
○マッシュポテト
○目玉焼き
○イチゴのヨーグルトサラダ

新若布の季節に
○蕗ずし
○奈良漬け
○ほうれん草のおひたし
○トマト
○（逗子の一番穫りの）若布のお清汁

小さなお客さまへのごちそうにも
○アサリと玉ネギのポタージュ
○チーズオムレツ
○（庭で採れた）ミニトマトとキュウリ、バジルのサラダ
○バゲットのガーリックトースト

○さくらんぼ
○ピーチのゼリー

パスタを和風に
○牛肉とナスのパスタ（牛肉とナスの細切りをオリーブオイルで炒めて和えたパスタに青じそのせん切りをたっぷり乗せる）
○キュウリ、みょうが、筍、若布、うす焼卵の酢の物
○冷凍の巨峰

今日は新米がごちそう
○ピータン、ザーサイ、長ねぎのみじん切りを乗せたお豆腐
○甘塩鮭
○さつま揚げ
○栗の渋皮煮
○いりどり

○きんぴらごぼう
○ごはん（新米）

牡蠣のこんな食べ方も
○牡蠣めし（牡蠣をまぜ込んで炊き上がったごはんに、薬味の白髪ねぎ、針生姜をのせ、昆布と鰹でとった一番だしをたっぷりかけて。もみのりをかけると一層おいしい）
○卵焼き
○ほうれん草のゴマ和え

朝食にもひと工夫
○ミルクたっぷりの紅茶
○わさび漬けをのせたバタートースト
○半熟卵
○オレンジ

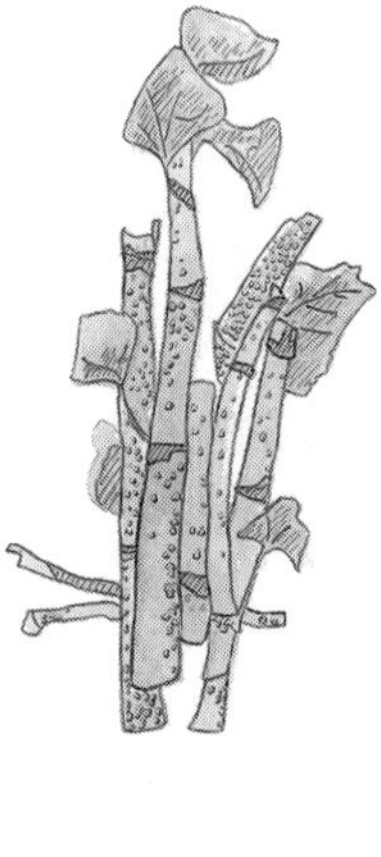

おわりに　ひとこと

だんだん年をとってきて、からだの動きは少なくなるのに食べる方はそれに見合った少なめにはならず、よく太っている私は、定期的に健康状態をみていただいているお医者さんから、もう少しやせることを考えなさいといわれている。

でも私は、おいしそうなものや自分の好物をがまんするのはいやで、太りすぎは十二分に承知しているけれどやめられない。

それに、九十五歳まで生きたのだもの、もう、たべたいものをがまんするのは、かえってストレスをかかえるかもしれない。これ以上長生きしても世の中のためになることもできないだろうから、がまんはやめよう、などと、いい気なことを考える。私の元気のもとは、よくたべて、よく眠ることだと自分では思っている。この年まで、病気らしい病気をしたこともなく、入院という経験もないのは、自由にたべてよく働いてきたからだと勝手に思い込んでいる。そういう健康なからだにめぐまれたしあわせを、忘れてはいけないと、九十歳をすぎてから気がついたのんきさも、幸いしているかもしれない。

ここにまとめていただいた私の料理は、とくべつ修業を積んで身につけたことでもなく、たべることには貪欲な私が、よそでたべた味、誰かにきいたり教えられて作ってみた料理を、日々のくらしの中にとりいれているうちに、いつか自分の得意料理と思い込んで、くり返し作り、たべてきたものがほとんどで、いわゆる家庭料理の域を出ていません。きびしさもなく、ただいっしょうけんめいに家族にたべさせてきただけのことでした。

そんな私が書きとどめてきたものを、あちこちから拾い出してまとめて下さった早川茉莉さんに、深く感謝いたします。古い本の中からのものもあり、まだ家族といっしょの食卓にのせていた料理に出会い、私自身がなつかしく思ったものもあり、本当にうれしくなりました。一人ぐらしの今は忘れていた料理もありました。

字や言葉のばらばらを統一して下さったり、いろいろお力添えいただいた編集部の金井ゆり子さんにも心からお礼を申上げます。お二人のおすすめがなければ出なかった一冊であることをつけ加えさせていただきます。

吉沢久子

《編者あとがき》

ご飯はおいしいし、人生は楽しい。

早川茉莉

キッチンに立ち、食事の支度をしているとき、料理の匂いの中でふと思い出すことがある。かつて読んだ吉沢久子さんの本の冒頭にあったこんな件《くだり》である。

「年を取ってみて、いま私が何よりしあわせだと思うのは、曇りなくいい思い出として大切にできるものをもっていることである。（中略）若いときはわからなかったが、そのときそのときを、いっしょうけんめい生きてきたことが、年を取ってみると、かけがえなく大切にしたい思い出になっているのである。それが、家族に先立たれたり、友達の多くを見送ったりしたあとにも、自分を支えてくれるものになるとは、考えてもみなかったことである」（『年を取っても楽しく生きなくっちゃ』労働旬報社）

この「大切にできるものを持っている」「いっしょうけんめい生きてきたこと」という言葉の向こうに、食べることに丁寧に向き合って来た吉沢久子さんの姿が見える気がして、深い共感を持ってこの言葉を心にしまった。そして、吉沢久子さんが九十五歳の今も現役で活躍していらっしゃる、その土台になっているのは、豊かな食生活にあるのだと確信した。

〝You are what you eat.〟という英語の表現があるが、食べたものがその人を作り、どんなものを食べているかということと、その人となりはイコールで結ばれているのだと思う。そして、吉沢久子さんに実際にお目にかかり、その優しさ、丁寧な人柄に触れて、この英語の言葉の意味を、なるほど、と納得した。その時に、ずっと憧れだった手作りのゆべしや自家製のふき味噌をいただいたのだが、人柄そのままの深く優しいその味わいに感激してしまった。おいしいものを作り、味わうということは、自分を含め、誰かを思うことの温かさなのだと思った。

個人的にお気に入りのエピソードがある。木の芽の季節に作る大村ずし（箱ずし）にまつわるものである。一度に三十人分位が作れるという箱にすしを二段重ねにして詰め終えた後、「重石がわりに誰か箱の上に」というお姑さんの言葉に従って乗ってみたという、ただそれだけの話なのだが、読みながら、映画『昼下がりの情事』の中で、旅行用のトランクのふたを閉めるために、オードリー・ヘプバーンがその上に乗るエピソードを思い出した。この大村ずしについて、「だれかに伝えておかなければと思っている」と吉沢久子さんは書いている。この味、レシピを受け継ぎ、我が家の味にしようと思って下さる方があれば、とても嬉しい。

ところで、吉沢久子さんの本を繰り返し読みふけり、今日はこれを作ろうと腕まくりをしてキッチンに立つことに喜びを覚えていた頃の私は、一方で、便利すぎる生活、季節に関係なく、一年中何でも食べられる日常というものに心がザワザワとし、違和感を持っていたのだと思う。季節に添って暮らすことを、本能が求めていたのだ。そうした現実と思いとのギャップを吉沢久子さんが書く「食」のまっとうさが埋めてくれたのだろう、気持ちが少しずつ修正されていった。読むたびに安堵が広がり、限りなく慰められていた。本当にすてきな料理教室だったな、と今となっては思う。

日本には四季があり、その季節ごとの食材がある。それをどう生かし、食べるか、また、その出合いの妙、知恵の蓄積。そうしたものが、吉沢久子さんの本の中ではごく当たり前のこととしてある。たしなみというのはこういうことなのだと思った。

そんな年月を経るうちに、吉沢久子さんの暮らしや食べ物のことを、本を通して多くの人に手渡したいと思うようになった。それは、ごはんを美味しく食べる方法だったり、季節に添った暮らしの中で味わう旬の味だったり、食いしん坊の舌を満たすおやつだったり、わさびは大根おろしでとく、といった暮らしの知恵だったりする。そんな思いの中で生まれたこの本の中には、菜めし、桜おこわ、ショウガご飯、ゴボウの白和え、麦わらいさき、鉄火みそ、百合根きんとん等、吉沢久子さんのこれまでの著作の中から選んだ四季折々の食べ物だけではなく、「何を食べようか献立をたてるのが楽しみ」という吉沢久子さんならではの献立についても一部収録した。だが、この本は、いわゆるお料理のレシピ本ではない。実際に作ってみようと思われる向きは、ご自身の手心に添ってお楽しみいただきたいと思う。

食べ物というのは、直接いのちにつながるものであり、その人となりを作るものである。それだけではない。手塩にかけたものは人を救う。そして、その「味」は、冒頭に引用させていただいた言葉のように、かけがえのない大切な思い出となって、その人を支える。

吉沢久子さんの本を読んでいると、暮らしというものが持つ豊かで滋味深い真実――ごはんはおいしいし、人生は楽しい、というようなこと――に気づかされる。それは、長い人生を生きてきた吉沢久子さんからの貴重な贈り物だと思う。

鉄火みそ――『伝え残しておきたいこと』
ゴボウチップス・クワイのから揚げ・天神さんの味――『老いのしあわせ食卓づき合い』
百合根きんとん――『花の家事ごよみ』
ほうろくむし――『伝え残しておきたいこと』
豚汁――『伝え残しておきたいこと』
うどんすき――『老いてしあわせに生きる知恵』
ゆべし作り――『老いのしあわせ食卓づき合い』
台所の棚おろし――『ごはんを美味しく食べる本』
わが家風おせち準備――『伝え残しておきたいこと』

第三章　忙しい時の一服――お菓子とおやつ

お茶のひとときー――『料理をたのしむ私の方法』
氷出し玉露――『素敵な女のしまつな暮らし方』海竜社1989.5
煮りんごをトーストにのせて――『老いのしあわせ食卓づき合い』
タピオカのデザート――『老いのしあわせ食卓づき合い』
切山椒――『花の家事ごよみ』
レモンカードのなつかしい味――『老いかた上手』経済界2002.4
白玉とよもぎだんご――『ごはんを美味しく食べる本』
パンカツとトンカツ――『料理をたのしむ私の方法』
しゃれている切りおとし――『老いのしあわせ食卓づき合い』
イチゴジャム――『料理をたのしむ私の方法』
スカンポのジャム――『女の気働き』海竜社1983.2
お菓子のしおりから――『老いのしあわせ食卓づき合い』

第四章　私の献立

献立に流れをもたせる――『ごはんを美味しく食べる本』
市販のお惣菜を上手に使う法――『料理をたのしむ私の方法』
若い人にもお年寄りにも好まれるメニュウ――『料理をたのしむ私の方法』
私流コース料理――『老いのさわやかひとり暮らし』大和書房2001.2
季節の味わい――『老いのしあわせ食卓づき合い』
　冬の夕食の献立例 ①②③④⑤――『月収3万円前後の家庭の食事』(共著)鎌倉書房1962
大豆のワンコース――『ごはんを美味しく食べる本』
卵料理ア・ラ・カルト――『料理をたのしむ私の方法』
わたしの献立から――本書オリジナル

上記を底本とし、一部加筆・訂正し、さらに再構成を施し、タイトルについても一部変更しています。

《底本一覧》

朝は一番よく食べる――『老いのしあわせ食卓づき合い』講談社1990.10

第一章　ごはんをおいしく食べる

菜めし――『花の家事ごよみ』じゃこめてい出版1989.5
桜おこわ――『老いのしあわせ食卓づき合い』
ショウガご飯――『料理をたのしむ私の方法』三笠書房1989.7
私のお得意ごはん――『ご飯を美味しく食べる本』じゃこめてい出版1984.5
和風・洋風「バラエティごはん」――『料理をたのしむ私の方法』
箱ずし――『老いのしあわせ食卓づき合い』
うちのおいなりさん――『老いのしあわせ食卓づき合い』
菊ごはん――『老いてしあわせに生きる知恵』海竜社1999.5
冬の朝がゆ――『老いをたのしむ暮らし上手』講談社1989.5
自分流のおかゆ――『伝え残しておきたいこと』じゃこめてい出版2000.7
あかのごはん――『伝え残しておきたいこと』

第二章　季節を味わう

春をたのしむ一皿――『料理をたのしむ私の方法』
菜の花あえ――『ひとり暮らしのおいしい食卓』講談社1999.3
お茶の新芽のてんぷらと茶めし――『伝え残しておきたいこと』
きゃらぶき――『老いをたのしむ暮らし上手』
ふきの青漬け――『老いをたのしむ暮らし上手』
玉ねぎ料理――『老いのしあわせ食卓づき合い』
筍の皮――『老いのしあわせ食卓づき合い』
沖縄のもずく――『老いをたのしむ暮らし上手』
ラッキョウ漬け――『老いのしあわせ食卓づき合い』
卵料理――『美しく生きる 美しく暮らす』海竜社1992.1
枝豆料理――『花の家事ごよみ』
ゴボウの白和え――『伝え残しておきたいこと』
珍味骨せんべい――『伝え残しておきたいこと』
タラコペースト――『伝え残しておきたいこと』
キャベツのおいしい食べ方――『伝え残しておきたいこと』
じゃがいも料理――『老いのしあわせ食卓づき合い』
ポテトサラダ――『老いのしあわせ食卓づき合い』
麦わらいさき――『花の家事ごよみ』
すいとん――『伝え残しておきたいこと』
初秋のすてきな一品――『老いてしあわせに生きる知恵』
柿料理――『老いてしあわせに生きる知恵』
きんぴらごぼう――『きちんと食べる美しく食べる』(共著)大和書房1988.1

吉沢久子（よしざわ・ひさこ）
1918年東京生まれ。文化学院卒業。文芸評論家の古谷綱武氏と結婚。生活者の立場から、日々培われてきた伝統的な文化や技、知恵を、現代の生活の中に生かす暮らしを提案。歳を重ねても心豊かに充実した生活を送る日々を綴ったエッセイが読者の共感を呼んでいる。著書に『幸せになる長寿ごはん』『私の快適、気ままな老いじたく』『前向き。――93歳、現役。明晰に暮らす吉沢久子の生活術』など多数。

吉沢久子《よしざわひさこ》の旬《しゅん》を味《あじ》わう献立帖《こんだてちょう》

2013年4月25日　初版第1刷発行

著者――吉沢久子
編者――早川茉莉
発行者――熊沢敏之
発行所――株式会社筑摩書房
東京都台東区蔵前2-5-3　郵便番号111-8755　振替00160-8-4123
印刷――中央精版印刷
製本――中央精版印刷

ISBN978-4-480-87865-6 C0077

乱丁・落丁本の場合は、お手数ですが下記にご送付ください。送料小社負担にてお取り替えいたします。

ご注文・お問い合わせも下記へお願いします。

〒331-8507　さいたま市北区櫛引町2-604　筑摩書房サービスセンター　電話048-651-0053